William Shakespeare, Christoph Martin Wieland

Leben und Tod des Königs Johann

William Shakespeare, Christoph Martin Wieland

Leben und Tod des Königs Johann

ISBN/EAN: 9783337352172

Hergestellt in Europa, USA, Kanada, Australien, Japan

Cover: Foto ©ninafisch / pixelio.de

Weitere Bücher finden Sie auf **www.hansebooks.com**

Leben und Tod des Königs Johann.

William Shakespeare

Übersetzt von Christoph Martin Wieland

Personen.

König Johann von England.
Prinz Heinrich, sein Sohn und Nachfolger.

Arthur, Herzog von Bretagne, Neffe des Königs.
Hubert, Vertrauter des Königs.
Pembrok, Essex, Salisbury und Bigot, Englische Lords.
Faulconbridge, nachmals Sir Richard Plantagenet, unehlicher Sohn
König Richards des Ersten.
Robert Faulconbridge, vermeynter Bruder des Bastards.
Jacob Gurney, Diener der Lady Faulconbridge.
Peter von Pomfret, ein Prophet.
Philipp, König von Frankreich.
Ludwig, der Dauphin.
Der Herzog von Östreich.
Cardinal Pandolpho, des Pabsts Legat.
Melun, ein Französischer vom Adel.
Chatilion, Französischer Gesandter bey König Johann.
Elinor, Königin-Mutter von England.
Constantia, Arthurs Mutter.
Blanca, Tochter Königs Alphonso von Castilien, und Nichte des
Königs Johann.
Lady Faulconbridge, Mutter des Bastard und des Robert Faulconbridge.
Bürger von Angiers, Herolde, Nachrichter, Boten, Soldaten und andre
stumme Personen.
Der Schauplaz, zuweilen in England, zuweilen in Frankreich.

Erster Aufzug.

Erste Scene.
(Der Engländische Hof.)

(König Johann, die Königin Elinor, Pembroke, Essex und Salisbüry
 mit Chatilion treten auf.)

König Johann.
Wohlan, saget Chatilion, was will Frankreich von uns?

Chatilion. So spricht, nächst seinem Gruß der König von Frankreich, durch mich, mit der Majestät, der geborgten Majestät von England hier—

Elinor.
Ein ausserordentlicher Eingang; geborgte Majestät!

König Johann.
Seyd ruhig, meine werthe Mutter; hört die Gesandtschaft.

Chatilion. Philipp von Frankreich nimmt im Namen und in Kraft des Rechts von deines verstorbnen Bruders* Gottfried Sohn, Arthur's Plantagenet, rechtmäßigen Anspruch an diese schöne Insel, an Irrland, Poitiers, Anjou, Touraine und Maine, und begehrt von dir, daß du das Schwerdt niederlegst, das einer unrechtmäßigen Herrschaft über diese verschiednen Titel sich anmasset, und solches dem jungen Arthur einhändigest, deinem Neffen und rechtmäßigen souverainen König.

{ed.-* (Geoffroi Plantagenette), Sohn des Grafen von Anjou, bekam durch seine Vermählung mit König Heinrich des 1sten von England einziger Tochter und erklärten Erbin, Matthilde, ein Recht an die Crone von England, wozu sein ältester Sohn nachmals unter dem Namen Heinrichs des 2ten würklich gelangte. Heinrich der 2te vereinigte also mit der Crone von England Anjou, Poitou, Touraine und Maine, und durch seine Vermählung mit Eleonor, Erbin von Aquitanien, (die von ihrem ersten Gemahl (Louis le Jeune) von Frankreich, wegen Untreue verstossen worden,) auch das Herzogthum Aquitanien. Seinen ältesten Sohn Gottfried (von welchem hier die Rede ist), vermählte er mit Constantia, Tochter und Erbin von Conan Grafen von Bretagne; die Crone hingegen kam nach Heinrichs Tod an seinen jüngern Sohn Richard (Coeur de Lion.) Nach dessen Abgang bemeisterte sich (Johannes sine Terra), dessen Geschichte dieses Stük enthält, zum Nachtheil Arthurs, des hinterlaßnen Erben seines ältern Bruders Gottfrieds von Bretagne, der Crone, und der von Heinrich dem 2ten derselben einverleibten Französischen Besizungen; und der darüber zwischen ihm und dem König (Philippe Auguste) entstandne Krieg macht den Anfang dieses Trauerspiels.}

König Johann.
Und was folget, wenn wir uns dessen weigern?

Chatilion.
Der stolze Widerspruch eines blutigen Kriegs, dir mit Gewalt die
Rechte abzudrängen, die du gewaltthätiger Weise vorenthältst.

König Johann.
Hier haben wir Krieg um Krieg, Blut um Blut und Wiederspruch um
Wiederspruch; antwortet das dem König von Frankreich.

Chatilion. So nimm dann die Kriegs-Erklärung meines Königs aus meinem Munde, den lezten Auftrag meiner Gesandtschaft.

König Johann. Bring ihm die meinige zurük, und so scheid' im Frieden; denn eh du berichtet haben kanst, daß ich kommen werde, soll Frankreich den Donner meiner Canonen hören.** Hinweg dann; sey du die Trompete unsers Zorns, und das plözliche Vorzeichen euers Untergangs. Pembrok, sorget dafür, daß er mit einem anständigen Geleit aus unserm Reich entlassen werde; lebe wohl, Chatilion.

{ed.-** Zu Anfang des dreizehnten Seculi nemlich.}

(Chatilion und Pembroke gehen ab.)

Elinor. Wie nun, mein Sohn? Sagt' ich nicht immer, diese ehrgeizige Constantia werde nicht ruhen, bis sie Frankreich und alle Welt für die Ansprüche ihres Sohns in Flammen gesezt habe? Allem diesem hätte man zuvorkommen und in der Güte beylegen können, was nun der blutige und gefahrvolle Kampf zweyer Königreiche entscheiden soll.

König Johann.
Unser völliger Besiz, und unser Recht—

Elinor. Wenn unser Besiz nicht kräftiger ist als unser Recht, so muß es uns beyden übel gehen; laßt euch mein Gewissen das ins Ohr sagen, da es niemand hört als der Himmel, ihr und ich.

Essex. Gnädigster Herr, es ist hier eine Streitsache, die aus der Provinz zu Eurer Majestät Entscheidung gebracht wird, die seltsamste, die ich jemals gehört. Soll ich die Partheyen hereinführen?

König Johann.
Laßt sie herein kommen—Unsre Abteyen und Prioreyen sollen die
Unkosten dieses Kriegs bezahlen—Wer seyd ihr?

Zweyte Scene. (Robert Faulconbridge und Philipp, sein Bruder, der Bastard, treten auf.)

Philipp.
Euer Majestät getreuer Unterthan, ein Edelmann in Northamptonshire
gebohren, und wie ich behaupte, der älteste Sohn von Robert
Faulconbridge, einem Kriegsmann, den die ehrenvolle Hand des Königs
Richard (Coeur-de-Lion) im Felde zum Ritter geschlagen.

König Johann (zu Robert.)
Wer bist du?

Robert.
Der Sohn und Erbe von diesem nemlichen Faulconbridge.

König Johann. Ist dieser der Ältere, und du bist der Erbe? Ihr seyd also nicht von einer Mutter, scheint es?

Philipp. Wir sind ganz gewiß von einer Mutter, mächtiger König, das ist jedermann bekannt, und, wie ich glaube, auch von einem Vater; doch wegen der Gewißheit dieses leztern Puncts muß ich Euer Majestät an den Himmel und meine Mutter anweisen; denn davon bin ich nicht gewisser als alle andre Menschen-Kinder.

Elinor. Hinweg mit dir, du ungesitteter Mensch! Schämst du dich nicht, deiner Mutter Ehre durch diesen Zweifel zu verwunden?

Philipp. Auch thue ich es nicht, Gnädigste Frau; ich habe keine Ursache dazu, das ist meines Bruders Sache, das geht mich nichts an; wenn er so was beweisen kan, so bringt er mich wenigstens um schöne fünfhundert Pfund des Jahrs; der Himmel schüze meiner Mutter Ehre und mein Erbgut!

König Johann. Ein guter runder Geselle; aber warum macht er denn einen Anspruch an dein Erbgut, wenn er der jüngere Bruder ist?

Philipp. Ich weiß nicht warum, ausser daß er gerne meine Güter hätte; es ist wahr, er warf mir einmal vor, daß ich unehlich gezeugt sey, allein das ist eine Sache, die ich lediglich meiner Mutter überlasse; ich kan nicht wissen, ob ich ehlich oder unehlich gezeugt bin; aber das weiß ich, daß ich eben so wohl gemacht bin als er. (Sanft mögen die Gebeine ruhen, die diese Mühe für mich genommen haben!) Vergleichet unsre Gesichter, gnädigster Herr, und thut den Ausspruch. Wenn der alte Sir Robert uns beyde gemacht hat, und dieser Sohn ihm ähnlich sieht; o alter Sir Robert, so dank ich dem Himmel auf meinen Knien, daß ich dir nicht ähnlich sehe.

König Johann.
Ha, was für einen Pikelhäring hat uns der Himmel hier zugeschikt?

Elinor.
Er hat einen Zug von (Coeur de Lion's) Gesicht, und einen ähnlichen
Ton der Stimme; findet ihr nicht einige Ähnlichkeiten mit meinem
Sohn, in der stämmichten Gestalt dieses jungen Menschen?

König Johann.
Ich betrachte ihn schon lange deßwegen, und find' ihn durchaus
Richard;

(zu Robert.)

Nun, Geselle, sage dann, was bewegt dich einen Anspruch

an deines
Bruders Güter zu machen?

Philipp.
Weil er ein halbes Gesicht hat, wie mein Vater; um dieses halben
Gesichts willen möcht er gerne mein ganzes Erbgut haben; ein
groschenmäßiges Halb-Gesicht, fünfhundert Pfund des Jahrs!

Robert.
Mein gnädigster Souverain, wie mein Vater noch lebte, brauchte der
König, euer Bruder, meinen Vater viel—

Philipp. Gut, Herr, das kan euch nichts von meinen Gütern geben; ihr müßt sagen, wie er meine Mutter brauchte.

Robert. —und verschikte ihn einst in einer Gesandtschaft nach Deutschland, wo er über wichtige Angelegenheiten der damaligen Zeit mit dem Kayser Unterhandlung pflegen sollte; der König machte sich indessen seine Abwesenheit zu Nuze, und hielt sich die ganze Zeit über in meines Vaters Haus auf; wie er's da so weit gebracht, daß er—ich schäme mich es zu sagen; allein Wahrheit ist Wahrheit; Kurz, es lagen Meere und Länder zwischen meinem Vater und meiner Mutter, wie dieser junge Herr hier gezeugt wurde; das hab' ich aus meines Vaters eignem Munde. Auf seinem Todbette vermachte er seine Güter durch ein Testament mir, und blieb bis in seinen Tod dabey, daß dieser, meiner Mutter Sohn, nicht der seinige sey; und wenn er's auch wäre, so kam er volle vierzehn Wochen vor der gesezmäßigen Zeit in die Welt: Ich bitte also Euer Majestät mir zuzusprechen, was mein ist, meines Vaters Güter, nach meines Vaters leztem

Willen.

König Johann. Mein guter Kerl, euer Bruder ist in der Ehe gebohren; euers Vaters Weib brachte ihn während ihrem Ehestand; wenn sie untreu war, so ist es ihr Fehler, und ein Zufall dem alle Männer ausgesezt sind, welche Weiber nehmen. Sag mir einmal, wie, wenn mein Bruder, der deinem Vorgeben nach, die Mühe nahm diesen Sohn zu zeugen, ihn deinem Vater als seinen Sohn abgefodert hätte? Hätte nicht dein Vater ein Kalb, das ihm seine Kuh gebracht, gegen die Ansprüche der ganzen Welt behaupten können? Wahrhaftig, guter Freund, das hätt' er können; gesezt also auch, er wäre meines Bruders Sohn, so hätte doch mein Bruder keinen Anspruch an ihn machen, noch hätt' ihn euer Vater deßwegen, weil er nicht sein sey, verläugnen können; aus allem diesem folgt also, daß meiner Mutter Sohn euers Vaters Erben zeugte, und daß euers Vaters Erbe euers Vaters Güter haben muß.

Robert. Soll denn meines Vaters lezter Wille keine Kraft haben, ein Kind zu enterben, das nicht sein ist?

Philipp. Von keiner grössern Kraft mich zu enterben, Herr, als, denk ich, sein Wille mich zu zeugen war.

Elinor. Was wolltest du lieber seyn, ein Faulconbridge, wie dieser hier, um deine Güter zu haben; oder ein natürlicher Sohn von (Coeur de Lion), ein Prinz vom Geblüte, und keine Güter dazu?

Philipp. Gnädigste Frau, und wenn mein Bruder meine Gestalt hätte, und ich hätte die seinige, Sir Roberts seine, wie er; und wenn meine Beine zwo solche Spindeln wären, meine Arme solch Aalhautiges Zeug, und mein Gesicht so dünne, daß ich keine Rose* in mein Ohr steken könnte, ohne daß die Leute sagten: Seht, da geht Drey-Viertels-

Pfennig—Und wenn gleich diese Gestalt Erbe von allen seinen Gütern wäre, so will ich nimmer von diesem Plaz kommen, wenn ich sie nicht von Fuß auf hingeben wollte, um dieses Gesicht zu haben; ich wollt' um alles in der Welt nicht Sir Nobb seyn.

{ed.-* Um diese Anspielung zu verstehen muß man wissen, daß die Königin Elisabeth unter allen Beherrschern von England die erste und lezte war, die Drey-Halb-Pfenninge, und Drey-Viertels-Pfenninge schlagen ließ, auf denen sich ihr Bildniß bald mit bald ohne die Rose, befand. Theobald.}

Elinor. Du gefällst mir; willt du dein Erbtheil vergessen, ihm deine Güter überlassen und mir folgen? Ich bin ein Soldat, und im Begriff wider Frankreich Dienste zu thun.

Philipp. Bruder, nimm du meine Güter, und laß mir mein Gesicht, das deinig' hat dir fünfhundert Pfund jährlich erworben; aber wenn du es für fünf Pfenning verkauffen kanst, so glaube du habest wohl gelößt. Gnädigste Frau, ich bin bereit, euch bis in den Tod zu folgen.

Elinor.
Was das betrift, so will ich lieber daß ihr mir voran geht.

Philipp. In unsrer Provinz erfordert die Höflichkeit, daß man die Vornehmern zuerst gehen lasse.

König Johann.
Wie nennst du dich?

Philipp. Philipp, Gnädigster Souverain, so ward ich genennt; Philipp, des guten alten Sir Roberts seiner Frauen ältester Sohn.

König Johann. Von nun trage den Namen von dem, dessen Gestalt du trägst; knie nieder, Philipp, um grösser aufzustehen.

(Er schlägt ihn zum Ritter.)

Steh als Sir Richard Plantagenet auf.

Philipp. Bruder von mütterlicher Seite, gebt mir eure Hand; mein Vater gab mir Ehre, der eure giebt euch Land. Nun, gesegnet sey die Stunde, es mag Nacht oder Tag gewesen seyn, da ich gezeugt und Sir Robert abwesend war.

Elinor.
Der echte Geist der Plantagenet's. Ich bin deine Großmutter, Richard, nenne mich so.

Philipp. Durch einen Zufall, Gnädigste Frau, nicht in der Ordnung; doch was thut das? Ob man zum Fenster hinein kommt oder zur Thüre, wenn man nur drinn ist; näher oder weiter vom Ziel, wohl getroffen ist wohl geschossen, und ich bin ich, ich mag gezeugt seyn wie ich will.

König Johann.
Geh, Faulconbridge, du hast nun was du wünschtest; ein güterloser
Ritter macht dich zu einem begüterten Junker. Kommt, Madam; komm,
Richard, wir müssen nach Frankreich eilen, nach Frankreich, es ist
höchste Zeit.

Philipp.
Bruder, leb wohl; ich wünsche dir viel Glüks, denn du bist mit
Erlaubniß der Geseze auf die Welt gekommen.

(Alle gehen ab, bis auf Philipp.)

Dritte Scene.

Philipp. Meine Ehre steht nun auf einem bessern Fuß als zuvor, aber mein Vermögen hat sich um manchen Fuß Landes verschlimmert. Sey es dann; izt kan ich doch ein jedes Gretchen zu einer Lady machen—"Guten Tag, Sir Richard"—Grossen Dank, Camerad—und wenn er Görge heißt, kan ich ihn Peter nennen; denn neugebakner Adel vergißt der Leute Nahmen; man würde zuviel vergeben, wenn man noch auf solche Kleinigkeiten acht haben wollte, und solche Leute sind nicht fein genug für eure Gesellschaft. Izt ist der gereißte Mann* meiner Gnaden Tisch-Genosse, er und sein Zahnstocher; und wenn mein ritterlicher Magen angefüllt ist, nun dann saug' ich an meinen Zähnen, und catechisire meinen Spizbart aus fremden Ländern— (Mein werther Herr), (so fang ich auf meinen Ellenbogen gestüzt an,) (darf ich euch bitten)—das ist nun die Frage; und dann kommt gleich die Antwort wie ein ABC-Buch: (O mein Herr,) sagt die Antwort, (ich bin gänzlich zu euerm Befehl, zu euern Diensten, ganz der Eurige, mein Herr—Nein, mein Herr,)sagt die Frage, (ich, mein werthester Herr, bin der Eurige;)und so, eh die Antwort recht gehört hat was die Frage will, wartet sie euch schon mit einem Dialogus von Complimenten auf, spricht dann von Alpen und Apenninen, von den Pyrenäen und dem Flusse Po, und weiß das Gespräch so lange hinaus zu ziehen, bis es vom Abend-Essen abgebrochen wird. Das ist polite Gesellschaft, die sich für einen emporstrebenden Geist, wie der meinige, schikt! Denn der ist nur ein Bastard der Zeit, der die Kunst nicht versteht sich beliebt zu machen, und nicht nur in seiner äusserlichen Gestalt, in seinem Aufzug und in seinen Manieren, dem Geschmak seiner Zeit schmeichelt; sondern auch aus einer innerlichen Quelle den süssen, süssen, süssen Gift, der den Gaumen der Leute so reizend küzelt, von sich zu geben weiß. Eine Kunst, die ich zwar nicht ausüben will, um andre zu betrügen, aber die ich zu lernen gedenke, damit ich von andern nicht betrogen werde. Sie soll die Stuffen meiner Erhöhung mit Blumen bestreuen. Aber wer kommt hier so eilfertig, in Reit-Kleidern? Was für ein weiblicher Courier ist diß? Hat sie keinen Mann, der die Müh nehmen mag, ein Horn vor ihr her zu blasen? Himmel, es ist meine Mutter! Nun, meine werthe Lady, was bringt euch so eilfertig nach Hofe?

{ed.-* Es ist bekannt, daß damals alle Welt auf Abentheuer ausgieng, und gereißte Leute in größtem Ansehn stuhnden, und, wie bey unsern Nachbarn die (Beaux-Esprits), das Recht hatten, sich bey grossen Herren zu Gaste zu laden.}

Vierte Scene.
(Lady Faulconbridge, und Jacob Gurney treten auf.)

Lady.
Wo ist der Sclave, dein Bruder; wo ist er, der sich erfrecht meine
Ehre öffentlich anzutasten?

Philipp. Mein Bruder Robert, des alten Sir Roberts Sohn, Colbrand, der Riese, der nemliche gewaltige Mann; ist es Sir Robert's Sohn, den ihr sucht?

Lady. Sir Roberts Sohn? Ja, du unehrerbietiger Junge, Sir Roberts Sohn; warum spottest du über Sir Roberten?

Philipp.
Jacob Gurney, willt du so gut seyn, und uns ein wenig allein lassen?

Gurney.

Von Herzen gerne, mein lieber Philipp.

Philipp. Philipp!—Verschone mich, Jacob; es sind kurzweilige Dinge heraus gekommen; hernach ein mehrers davon.

(Jacob geht ab.)

Gnädige Frau, ich war nie des alten Sir Roberts Sohn; Sir Robert hätte seinen Theil an mir an einem Charfreytag essen können, ohne daß er seine Fasten gebrochen hätte. Sir Robert war ein ganz wakrer Mann; aber, meiner Treu, bekennt die Wahrheit! Hätt' er mich machen können? Das konnte Sir Robert nicht; wir kennen seine Arbeit. Sagt mir also, liebe Mutter, wem bin ich für diese Figur verpflichtet? Sir Robert konnte nimmermehr so ein Bein machen helfen?

Lady. Hast du dich auch mit deinem Bruder wider mich verschworen? Du, der um deines eignen Vortheils willen meine Ehre vertheidigen sollte? Was soll dieses Gespötte bedeuten, du höchst unbesonnener Bube?

Philipp. Ritter, Ritter, liebe Mutter—und Basilisco* ähnlich. Wie? ich bin zum Ritter geschlagen; ich hab es auf meiner Schulter. Aber Mutter, ich bin nicht Sir Roberts Sohn; ich hab auf Sir Robert und meine Güter Verzicht gethan; ehliche Geburt, Name, alles ist hin; laß mich also, liebe Mutter, laß mich meinen Vater kennen; irgend ein wakrer Mann, hoff ich; wer war es, Mutter?

{ed.-* Eine Anspielung auf den Beynamen (Coeur de Lion), den König Richard führte. (Cor Leonis), ein Fixstern von der ersten Grösse im Löwen, wird auch Basilisco genennt. Warbürton.}

Lady.
Hast du dem Namen Faulconbridge entsagt?

Philipp.
So herzlich, als ich dem Teufel entsage.

Lady. König Richard, (Coeur de Lion), war dein Vater; durch langwieriges und heftiges Zusezen ward ich endlich verführt, in meines Ehmanns Bette Plaz für ihn zu machen. Der Himmel vergebe mir meine Übertretung! Aber du bist die Frucht meiner schweren Sünde, zu der ich so stark gereizt wurde, daß ich nicht länger wiederstehen konnte.

Philipp. Nun, bey diesem Tageslicht, wenn ich wieder gezeugt werden sollte, Madame, wollt' ich mir keinen bessern Vater wünschen. Einige Sünden tragen ihre Lossprechung auf Erden mit sich; Euer Fehler entsprang nicht aus eurer Thorheit; ihr mußtet nothgedrungen euer Herz als einen Tribut für gebietende Liebe, demjenigen ausliefern, gegen dessen Wuth und unbezwingbare Stärke der unerschrokne Löwe selbst keinen Kampf wagen durfte, noch sein königliches Herz vor Richards Hand schüzen konnte. Wer einem Löwen mit Gewalt das Herz aus dem Leibe reissen kan, mag leicht ein weibliches Herz gewinnen. Ja, meine Mutter, von ganzem Herzen dank ich dir für meinen Vater. Wenn jemand lebt, der sich erfrecht zu sagen, daß du nicht recht thatest, wie ich gezeugt ward, dessen Seele will ich zur Hölle schiken. Komm, Lady, ich will dich meinen Anverwandten vorstellen, und sie sollen sagen, wie Richard mich zeugte, wär es Sünde gewesen wenn du Nein gesagt hättest.

(Sie gehen ab.)

Zweyter Aufzug.

Erste Scene.
(Vor den Mauern der Stadt Angiers.)
(Philipp-August, König von Frankreich, Ludwig der Dauphin, der
 Herzog von Östreich, Constantia und Arthur.)

Ludwig.
Willkommen vor Angiers, dapfrer Herzog!—Arthur, dein grosser Oheim,
Richard, der den Löwen seines Herzens beraubte, und die heiligen
Kriege in Palästina ausfocht, kam durch diesen dapfern Herzog vor
der Zeit ins Grab. Nun ist er, um seiner Nachkommenschaft
Erstattung deßhalb zu thun, auf unsre Einladung gekommen, seine
Fahnen für deine Sache auszuspreiten, und deinen unnatürlichen
Oheim, Johann von England, aus dem ungerechten Besiz deiner
Erbländer vertreiben zu helfen. Umarm' ihn, Prinz, lieb' ihn, und
heiß' ihn willkommen.

Arthur. Gott wird euch (Coeur de Lion's) Tod desto eher verzeihen, da ihr seinem Neffen das Leben gebet, und sein verfolgtes Recht mit den Flügeln eurer Kriegs-Macht umschattet. Mit einer unmächtigen Hand heiß' ich euch willkommen, aber mit einem Herzen voll unverfälschter Liebe; willkommen, Herzog, vor den Mauern von Angiers.

Ludwig.
Ein edler Junge! Wer wollte dir nicht zu deinem Recht helfen?

Östreich. Diesen zärtlichen Kuß leg' ich auf deine Wange, als das Siegel meines feyrlichen Versprechens, daß ich nicht eher in meine Heimath zurük kehren will, bis Angiers und die gerechten Ansprüche die du in Frankreich hast, zugleich mit dieser blassen weiß-ufrichten Insel, deren Fuß die heulenden Wellen des Oceans zurük stößt, und ihre Einwohner von andern Ländern abschneidet, bis dieses von der See umzäunte England, dieses von Wasser gemauerte Bollwerk, dessen stolze Sicherheit allen auswärtigen Anfällen Troz bietet, bis dieser äusserste Winkel von Westen selbst dich als seinen König grüssen wird; bis zu diesem Augenblik, schöner Knabe, will ich nicht an meine Heimath denken, sondern den Waffen folgen.

Constantia. O nehmet seiner Mutter Dank an, Dank einer armen Wittwe, bis euer starker Arm ihm zu der Macht helfen wird, eure Freundschaft besser erwiedern zu können.

Östreich. Der Friede des Himmels ruhet auf denjenigen, die ihre Schwerdter in einem so gerechten und wohlthätigen Krieg entblössen.

König Philipp. Wohlan dann, an die Arbeit; unsre Maschinen sollen gegen die Stirne dieser widerspenstigen Stadt gerichtet werden; ruffet unsern Kriegs- Obersten, um den Plan zum vortheilhaftesten Angriff zu machen. Entweder wollen wir unsre königlichen Gebeine vor diesen Mauern niederlegen, oder wenn wir gleich in französischem Blut auf den Markt-Plaz watten müßten, Angiers diesem jungen Prinzen unterwürfig machen.

Constantia. Wartet noch auf die Antwort, die euer Abgesandter bringen wird; ihr könntet sonst eure Schwerdter zu voreilig mit Blute besudeln. Vielleicht bringt Milord Chatilion aus England eine friedliche Abtretung dieses Rechts, welches ihr durch Krieg erzwingen wollet;

und wenn dieses geschähe, würden wir einen jeden Tropfen
Bluts bereuen, den eine zu rasche Hize so unzeitig
vergossen hätte. (Chatilion zu den Vorigen.)

König Philipp.
Ein Wunder, Madam! Seht, auf euern Wunsch ist unser
Gesandter,
Chatilion, angelangt; meld uns in Kürze, werther Lord, was
England
uns zur Antwort giebt; wir warten hier müßig auf dich.
Rede,
Chatilion.

Chatilion. So wendet also eure Macht von dieser armseligen
Belagerung, und spornet sie zu einem wichtigern Geschäft
auf. England, voll Unwillens über unsre gerechte
Forderungen, hat sich in Waffen gestellt; die widrigen
Winde, die meine Rükreise verzögerten, haben ihm Zeit
gegeben, alle seine Legionen zugleich mit mir ans Land zu
sezen. Er rükt mit eilfertigen Märschen gegen diese Stadt an;
seine Stärke ist groß, und seine Krieger voller Muth. Mit
ihm kommt die Königin-Mutter, eine Ate, die ihn zu
Zwietracht und Blutvergiessen anhezt; mit ihr, ihre Nichte,
die Infantin Blanca von Spanien; mit ihnen ein natürlicher
Sohn des abgelebten Königs, und mit ihm alle unbändigen
Köpfe des Landes. Rasche, feurige, tollkühne Freywillige, mit
Frauenzimmer-Gesichtchen und Drachen- Herzen, haben
ihre angestammten Güter verkauft, und tragen ihr Erbtheil
zuversichtlich auf dem Rüken, um hier ein neues Glük zu
suchen. Kurz, eine auserlesnere Schaar unerschrokner
Geister, als der englische Boden diesesmal übergewälzt hat,
schwamm niemals über die schwellende Fluth, um Unheil
und Verwüstung in der Christenheit anzurichten. Das
zürnende Getöse ihrer Trummeln unterbricht eine
umständliche Nachricht; sie sind im Anzug. Bereitet euch

also zu einer Unterhandlung oder zum Gefecht.

(Man hört Trummeln.)

König Philipp.
Wie schlecht sind wir auf eine solche Expedition versehen!

Östreich.
Je unerwarteter sie ist, desto eifriger müssen wir uns zur Gegenwehr stellen; Unser Muth soll mit der Gefahr steigen. Laßt
sie denn willkommen seyn, wir sind gerüstet.

Zweyte Scene. (Der König von England, Faulconbridge, Elinor, Blanca, Pembroke und andre zu den Vorigen.)

König Johann. Friede sey mit Frankreich, wenn Frankreich im Frieden unsern rechtmäßigen Einzug in unsre Stadt gestattet; wo nicht, so blute Frankreich, und der Friede schwinge sich gen Himmel, indeß daß wir, Gottes grimmvoller Sachwalter, den stolzen Übermuth züchtigen, der seinen Frieden in den Himmel zurük treibt.

König Philipp. Friede sey mit England, wenn dieser Krieg aus Frankreich nach England zurükkehrt, um dort im Frieden zu leben. Wir lieben England, und nur um Englands willen, schwizen wir hier unter der Last der Waffenrüstung. Diese unsre Arbeit sollte dein freywilliges Werk seyn. Aber du bist so weit entfernt, England zu lieben, daß du seinen rechtmäßigen König unterdrükt, die Erbfolge aufgehoben, die Kindheit des gesezmäßigen Erben mißbraucht, und an der jungfräulichen Ehre der Crone Gewalt verübt hast. Schaue hier auf deines Bruders Gottfrieds Gesicht! Diese Augen, diese Stirne, sind nach den seinigen abgedrukt; in diesem kleinen Inbegriff ist die vollständige Form enthalten, die in Gottfried verstarb, und die Hand der Zeit wird diese verjüngte Gestalt in einen eben so grossen Format ausdehnen. Dieser Gottfried war von Geburt dein ältrer Bruder, und dieser hier ist sein Sohn. England war Gottfrieds Recht, und dieser hat es von Gottfried ererbt; wie kommt es dann, um Gottes willen! daß du ein König genennt wirst, so lange lebendiges Blut in diesen Schläfen schlägt, die einen Anspruch an die Crone haben, welche du zur Ungebühr trägst?

König Johann.
Von wem hast du diesen grossen Auftrag, Frankreich, mich zur
Antwort auf deine Fragstüke zu ziehen?

König Philipp. Von diesem obersten Richter, der in königlichen Seelen den edlen Gedanken erwekt, gewaltthätigen und ungerechten Thaten nachzufragen. Dieser Richter hat mich zum Beschüzer dieses Knabens gemacht; unter seinem Schuze klag' ich deine Ungerechtigkeit an, und mit seinem Beystand hoff' ich sie zu bestraffen.

König Johann.
Du massest dich eines Ansehens an, das dir nicht zukommt.

König Philipp. Entschuldige es; es geschieht, um ungerechte Anmassung niederzuschlagen.

Elinor.
Wer ist der, den du einer unrechtmäßigen Anmassung beschuldigest?

Constantia.
Laßt mich die Antwort geben: Der anmaßliche König, dein

Sohn.

Elinor.
Hinweg, Unverschämte; dein Bastard soll König seyn, damit du eine
Königin seyn, und die ganze Welt hofmeistern könnest!

Constantia.
Mein Bette war deinem Sohn immer so getreu, als das deinige deinem
Gemahl; und dieser Knabe sieht seinem Vater Gottfried gleicher als
Johann dir, ob ihr gleich an Sitten einander so gleich seyd als der
Regen dem Wasser, und der Teufel seiner Mutter. Mein Sohn ein
Bastard! Bey meiner Seele, ich glaube nimmermehr, daß sein Vater
so ächt war als er ist; es kann nicht seyn, wenn gleich du seine
Mutter wärest.

Elinor.
Das ist eine feine Mutter, Junge, die deinen Vater beschimpft.

Constantia.
Das ist eine feine Großmutter, Junge, die dich beschimpfen will.

Östreich.
Stille!

Faulconbridge.
Horcht dem Ausruffer.

Östreich.
Wer Teufel bist du?

Faulconbridge. Einer der den Teufel mit euch spielen will, Herr, sobald er euch und euern Überzug* allein zu paken kriegen kan. Ihr seyd der Hase im Sprüchwort, der todte Löwen beym Bart zupft; ich will euch das Fell einschmauchen, wenn ich euch kriege; nehmt euch in acht; in der That, ich will, in der That.

{ed.-* Um diese und verschiedne andre in einer der folgenden Scenen vorkommenden Spöttereyen und Grobheiten, die Faulconbridge dem Herzog von Östreich sagt, zu verstehen, muß man wissen, daß dieser Herzog mit einer Löwenhaut umhüllt auf der Bühne erscheinen muß. König Richard hatte, wie man sagt, während seinem berühmten Kreuzzug, worinn er seine persönliche Herzhaftigkeit und Stärke durch eine Menge ritterlicher Thaten bewies, auch einen ausserordentlich grossen Löwen bezwungen, und die Haut desselben, zum Zeichen dieses Siegs, nachher allezeit getragen oder bey sich geführt. Dieser Haut bemächtigte sich der Herzog von Östreich, nachdem er, wie bekannt ist, den König Richard, durch Hinterlist und Betrug in seine Gewalt bekommen; und soll, aus einer allerdings lächerlichen Pralerey, selbige, als eine Beute, die er einem so grossen Helden wie Richard abgenommen, nach dessen Tod allezeit getragen haben.}

Blanca. O wie wohl stuhnd dem dieser Löwen-Rok an, der dem Löwen diesen Rok abzog!

Faulconbridge. Er ligt so stattlich auf seinem Rüken, als des grossen Alcides Löwenhaut auf dem Rüken eines Esels; aber, Esel, ich will euch diese Last von euerm Rüken abnehmen, oder euch noch eine auflegen, davon euch die Schultern krachen sollen.

Herzog.
Was für ein Schwärmer ist das, der unsre Ohren mit einem

solchen
Übermaaß von vergeblichem Athem betäubt? König Philipp, entschliesset euch ohne längeres Zaudern, was wir thun wollen.

König Philipp. Weiber und Narren, brecht eure Conferenz ab. König Johann, hier ist mein Vortrag in wenig Worten: England, Irrland, Anjou, Touraine und Maine fordre ich im Namen des jungen Arthurs von dir; willt du sie abtreten, und die Waffen niederlegen?

König Johann. Eher mein Leben—Ich biete dir Troz deßhalb, Frankreich. Arthur von Bretagne, begieb dich in meinen Schuz, und ich will dir aus Liebe mehr geben, als der feige Arm von Frankreich jemals für dich gewinnen kan. Ergieb dich, Junge.

Elinor.
Komm zu deiner Groß-Mama, Kind.

Constantia (indem sie eine kindische Art zu reden affectirt.) Thu's, Kind, geh zu Groß-Mama, Kind. Gieb Groß-Mama Königreich,
und Groß-Mama giebt dem Kind ein Zukerchen, eine Kirsche, eine
Feige; es ist eine gute Groß-Mama.

Arthur. Meine liebe Mutter, gebt euch zufrieden. Ich wollt', ich läge tief in meinem Grab; ich bin nicht werth, daß man soviel Lerms meinetwegen mache.

Elinor.
Seine Mutter beschämt ihn so, der arme Junge, er weint.

Constantia. Das Unrecht, das ihm seine Großmutter zufügt, nicht die Schande die ihm seine Mutter macht, zieht diese den Himmel rührenden Perlen aus seinen armen Augen, die der Himmel als ein Schuzgeld annehmen wird; ja mit diesen Thränen wird sich der Himmel gewinnen lassen, sich seines Rechts anzunehmen, und euch zur Straffe zu ziehen.

Elinor.
Ungeheuer, scheuest du dich nicht, Himmel und Erde zu lästern?

Constantia. Ungeheuer, scheust du dich nicht, Himmel und Erde zu beleidigen? Wie kanst du mich anklagen, daß ich lästre? Du und die deinigen usurpiren die Länder, Regalien und Gerechtsame dieses unterdrukten Waysen; es ist der Sohn deines ältesten Sohns, und in nichts unglüklich als darinn, daß er von dir abstammt. Deine Sünden werden an diesem armen Kinde heimgesucht; der Ausspruch des Gesezes ligt auf ihm, da er nur im dritten Glied von deinem Sündempfangenden Leib entfernt ist.

König Johann.
Tollhäuslerin, hört auf!

Constantia. Ich habe nur das noch zu sagen, daß er nicht nur um ihrer Sünde willen gestraft wird, sondern Gott hat ihre Sünde und sie zur Strafe dieses entfernten Abkömmlings gemacht, der um ihrentwillen gestraft wird, und mit ihrer Strafe ihre Sünde; sein Unrecht, ihr Unrecht, der Büttel ihrer Sünde, alles in der Person dieses Kindes gestraft, und alles um ihrentwillen; daß sie die Pest!**

{ed.-** Dieses Ungeheuer von einer aller Sprach- und Vernunftlehre trozbietenden Rede, hat man, da ihr ohnehin nicht zu helfen ist, von Wort zu Wort geben wollen, wie sie der Autor giebt; Deutschen Unsinn für Englischen Unsinn.}

Elinor. Du unverständiges Lästermaul, ich kan ein Testament aufweisen, das deines Sohnes Recht entkräftet.

Constantia. So, wer zweifelt daran? Ein Testament?—Ein falsches Testament, ein Weiber-Testament, einer unnatürlichen Großmutter Testament.

König Philipp. Stille, Lady; schweigt oder mäßigt euch; es schikt sich übel für diese Versammlung diesen euern übeltönenden Wiederholungen immer Halt zu ruffen. Laßt eine Trompete diese Leute von Angiers auf die Mauern fordern; sie sollen sich erklären, wessen Recht sie gelten lassen wollen, Arthur's oder Johann's.

(Trompeten.)

Dritte Scene.
(Ein Bürger von Angiers kommt auf die Mauern.)

Bürger.
Wer ist der, der uns auf die Mauern hervorgeruffen hat?

König Philipp.
Es ist Frankreich, im Namen Englands.

König Johann. England in seinem eignen Namen. Ihr Männer von Angiers, und meine lieben Unterthanen—

König Philipp. Ihr werthen Männer von Angiers, Arthurs Unterthanen, unsre Trompete rief euch zu dieser gütlichen Unterredung—

König Johann. In Betreff unsrer gerechten Sache; höret uns also zuerst; diese Französischen Fahnen, die hier, so nah' an eurer Stadt, vor euern Augen sich verbreiten, sind zu euerm Verderben hieher gezogen; der Bauch ihrer Canonen ist mit Grimm angefüllt, sie sind schon gerichtet, ihren eisernen Zorn gegen eure Mauern auszuspeyen; diese Franzosen stellen sich mit allen Zurüstungen zu einer blutigen

Belagerung und einem unbarmherzigen Verfahren vor die Augen eurer Stadt und vor eure verschloßnen Thore; und, ohne unsre Annäherung, würden diese schlafenden Steine, die euch umgürten, durch den Stoß ihrer Maschinen aus ihrem ruhigen Leim-Bette gerissen, und der blutigen Gewalt ein gräßlicher Ruin gemacht worden seyn, auf euern Frieden einzustürmen; aber, auf unsern Anblik, euers rechtmäßigen Königs, (der, des Ungemachs verdoppelter Märsche nichts achtend, herbey geeilt ist, einen mächtigen Entsaz vor eure Thore zu bringen, und die bedräuten Wangen eurer Stadt unzerkrazt zu erhalten,) seht, die bestürzten Franzosen selbst eine Unterredung antragen, und nun, für in Feuer gekleidete Kugeln, die ein schüttelndes Fieber in euern Mauern machen sollten, sanfte in Rauch eingehüllte Worte losschiessen, um eure Ohren durch ein betrügliches Getöne zu bethören; aber glaubet ihnen, wie sie es verdienen, werthe Bürger, und lasset uns, euern König ein, dessen müde Lebensgeister, von dieser übertriebnen Eile abgemattet, Herberge innert euren Stadtmauern suchen.

König Philipp. Wenn ich gesprochen habe, so antwortet uns beyden. Seht! an dieser rechten Hand, deren Schuz durch die heiligsten Gelübde dem Rechte dessen, den sie hält, geweyhet ist, steht der junge Plantagenet, Sohn von dem ältern Bruder dieses Mannes, und König über ihn und alles, was er inne hat. Um seines zu Boden getretnen Rechts willen treten wir in kriegrischem Marsch diese grünen Ebnen vor eurer Stadt, ohne einigen Vorsaz einer Feindseligkeit gegen euch, ausser wozu uns, von eurer Widerspenstigkeit gereizt, ein mildthätiger Eifer zur Erhaltung dieses unterdrükten Kindes, in unserm Gewissen nöthiget. Weigert euch also nicht, eine Pflicht zu erstatten, die ihr demjenigen unleugbar schuldig seyd, der sie zu fordern berechtigt ist, nemlich, diesem jungen Prinzen; so soll unsern Waffen, gleich einem bemaulkorbten Bären, sicher anzusehen, alle Beleidigung verboten seyn, die Bosheit unsrer Canonen gegen die unverwundbaren Wolken des Himmels ausgelassen werden, und mit einem friedsamen und ungestörten Rükzug, mit ungebrauchten Schwerdtern und unversehrten Helmen, wollen wir dieses muthige Blut wieder heimtragen, welches wir gegen eure Mauern auszuspeyen gekommen waren, und eure Weiber, Kinder und euch im Frieden lassen. Solltet ihr aber so thöricht seyn, dieses unser zuvorkommendes Anerbieten auszuschlagen, so bildet euch nicht ein, daß diese alten Mauern euch gegen unsre Kriegs-Abgesandten schüzen werden, wenn gleich alle diese Engländer mit ihrer Macht in ihrem rauhen Umkreis gelagert wären. Sagt uns also, will eure Stadt uns im Namen desjenigen, für welchen wir euch dazu auffordern, als ihren Herrn erkennen; oder sollen wir das Zeichen zum Angriff geben, und in Blut wattend in unser Eigenthum einziehen?

Bürger. Unsre Antwort ist kurz: Wir sind des Königs von England Unterthanen; für ihn und kraft seines Rechts, haben wir diese Stadt inne.

König Johann.
So erkennet dann euern König, und lasset mich ein.

Bürger. Das können wir nicht; demjenigen der es beweißt, daß er König ist, wollen wir uns als getreue Unterthanen beweisen; so lange aber dieses nicht geschehen seyn wird, sollen unsre Thore gegen die ganze Welt verriegelt bleiben.

König Johann.
Beweißt nicht die Crone von England den König? Und wenn dieses
nicht genug ist, so bring ich euch Zeugen, zweymal fünfzehntausend
Herzen voll von Englischem Blut—

Faulconbridge.
(Hurensöhne und andre.)

König Johann.
Die bereit sind, unser Recht mit ihrem Leben zu beweisen.

König Philipp.
Eben so viele, und von so gutem Blut als jene—

Faulconbridge.
(Die Hurensöhne auch mitgezählt.)

König Philipp.
Stehen hier, ihm seine Fordrung ins Angesicht zu widersprechen.

Bürger. Biß ihr ausgemacht haben werdet, wessen Recht das vorzüglichste ist, halten wir für den Vorzüglichsten das Recht von beyden zurük.

König Johann. So vergebe dann Gott die Sünden aller der Seelen, die zum furchtbaren Erweis unsers Königlichen Titels, noch eh der Abendthau fallen wird, in ihre ewige Wohnung geflohen seyn werden!

König Philipp.
Amen, Amen!—Zu Pferde, ihr Ritter, zu den Waffen!

Faulconbridge. Sanct Georg, der den Lindwurm trillte, und seither immer zu Pferd vor meiner Wirthin Thüre sizt, helf uns aus diesem Handel!

(Zu Östreich.)

Kerl, wär ich daheim in eurer Höle, Kerl, bey eurer Löwin, ich wollt euch einen Ochsen-Kopf auf eure Löwenhaut sezen, und ein Ungeheuer aus euch machen.

Östreich.
Still, nichts mehr!

Faulconbridge.
O zittre, du hörst den Löwen brüllen.

König Johann (zu Faulconbridge.) Wir wollen weiter in die Ebne vorrüken, um unsre Regimenter besser ausbreiten und stellen zu können.

Faulconbridge.
So macht fein geschwinde, daß ihr den Vortheil des Plazes gewinnt.

König Philipp (zu Östreich, mit dem er vorher leise gesprochen.) Gut; die übrigen laßt auf dem andern Hügel sich sezen. Gott und unser Recht!

(Sie gehen ab.)

Vierte Scene.
(Man blaßt zum Angriff; beyde Armeen werden handgemein, Gefecht;
 endlich tritt der Herold von Frankreich mit Trompeten vor das Stadt-
  Thor.)

Französischer Herold. Ihr Männer von Angiers, öffnet eure Thore weit, und laßt den jungen Arthur, Herzog von Bretagne, ein, der durch Frankreichs Hand an diesem Tag manchen Englischen Müttern Stoff zu Thränen gegeben hat; ihre Söhne ligen auf dem blutigen Grunde verzettelt, und mancher Wittwe Mann krümmt sich im Staub, und umfaßt mit kalten Armen die blutgefärbte Erde; indeß daß der wohlfeil-erkaufte Sieg um die tanzenden Paniere der

Franzosen scherzt, die in triumphierender Unordnung bey der Hand sind, als Sieger einzuziehen, und Arthur von Bretagne zu Englands und euerm König auszuruffen.

(Ein Englischer Herold tritt mit Trompeten auf.)

Englischer Herold. Freuet euch, ihr Männer von Angiers, läutet eure Gloken; König Johann, euer und Englands König, ist im Anzug, als Meister von diesem heissen blutigen Tage. Die Rüstungen derer, die diesen Morgen in so hellem Silberglanz vor euch vorbeyzogen, kehren alle in Französischem Blute vergüldet zurük; nicht ein einziger Federbusch, der auf einem Englischen Helme winkte, ist von einem Französischen Speer abgeschlagen worden; unsre Fahnen kommen in den nemlichen Händen wieder, die sie entfalteten als wir auszogen, und gleich einem lustigen Truppen Jäger, kommen unsre frölichen Engländer, alle mit bepurpurten Händen zurük, in dem Lebensblut ihrer sterbenden Feinde gefärbt. Öffnet eure Thore, und laßt die Sieger einziehen.

Bürger. Ihr Herolde, wir haben von unsern Thürmen euerm ganzen Gefecht, vom Angriff bis zum Abzug zusehen können; unsre schärfsten Augen haben keinen Vorzug oder Vortheil auf einen von beyden Partheyen entdeken können; Blut hat Blut erkauft, und Streiche haben Streichen geantwortet; Stärke, Muth, Dapferkeit und Glük waren auf beyden Seiten gleich. So sind auch wir gegen beyde, bis einer der Grösseste bleibt; so lange sie so im Gleichgewicht stehen, halten wir unsre Stadt für keinen, sondern für beyde.

Fünfte Scene. (Die beyden Könige mit ihrem Heer treten auf verschiednen Seiten auf.)

König Johann. Frankreich, hast du noch mehr Blut wegzuwerfen? Sprich, willt du dem Strom unsers Rechts seinen friedfertigen Lauf lassen; oder soll er von dir gestört, aus seinem natürlichen Canal hervorschwellen, und deine angrenzenden Ufer überströmen?

König Philipp. England, du hast in diesem hizigen Wettkampf nicht einen einzigen Tropfen Bluts mehr zurükgebracht als wir; eher hast du mehr verlohren. Und ich schwöre bey dieser Hand, die diesen weitgrenzenden Erdstrich beherrschet; eh wir diese gerechten Waffen niederlegen, wollen wir dich, gegen den wir sie tragen, in den Staub niederlegen, oder selbst die Zahl der Todten mit einem königlichen Schatten vermehren!

Faulconbridge. Ha! Majestät!—Wie hoch steigt dein Stolz, wenn das goldne Blut der Könige in Feuer gesezt wird! Oh, nun füttert der Tod seine morschen Kinnbaken mit Stahl, Schlachtschwerdter sind seine Zähne und Griffe, und nun schmaußt er und frißt sich, indeß daß die Könige hadern, an Menschenfleisch satt. Warum stehen diese königlichen Linien so unbeweglich? Ruft zum Angriff, ihr Könige; zurük in das blutbeflekte Feld, ihr gleichmächtigen Fürsten, ihr Feuer-sprudelnden Geister! Laßt die Niederlage des einen Theils den Frieden des andern bekräftigen. Bis dahin Streiche, Blut und Tod!

König Johann.
Für wessen Parthey erklären sich nun die Leute in der Stadt?

König Philipp.
Sprecht, ihr Bürger; wen erkennt ihr für euern König?

Bürger.
Den König von England, sobald wir ihn kennen.

König Philipp.
Erkennt ihn in Uns, die wir hier sein Recht verfochten haben.

König Johann.
In Uns, die wir unser eigner grosser Abgeordneter sind, und im
Besiz unsrer eignen Person uns hier befinden, Herr von unsrer
Gegenwart, von Angiers, und von euch.

Bürger. Eine grössere Macht, als die eurige, widerspricht all dieses, und bis sie ausser allem Zweifel ist, schliessen wir unsre erste Bedenklichkeit in unsre stark verrigelte Thore ein. Könige sind unsre Furcht, so lange bis unsre Furcht von einem gewissen Könige aufgelöst, gereinigt und ausgetrieben seyn wird.

Faulconbridge. Diese unverschämten Gesellen von Angiers spotten eurer, ihr Könige, und stehen sicher auf ihren Zinnen, wo sie wie auf einem Amphitheater, unsern arbeitvollen Todes-Scenen und Aufzügen mit weitoffnen Augen und richtendem Blik zusehen. Laßt euch von mir rathen, ihr Könige; seyd gleich den Aufrührern von Jerusalem eine Weile Freunde, und vereinigst eure äusserste Macht wider diese Stadt. Laßt Frankreich von Osten, und England von Westen ihre bis an die Mündung gefüllte Canonen wider sie richten, bis ihr Seele- schrekendes Geschrey die steinernen Rippen dieser trozigen Stadt zu Boden geklafft hat; ich wollte unverzüglich auf diese Schindmähren spielen, bis die Verwüstung ihnen keine andre Schuzwehr als die umgebende Luft übrig liesse. Wenn dieses geschehen ist, dann trennt eure vereinbarte Macht wieder, sondert eure vermengten Fahnen ab, und sezet Antliz gegen Antliz, und Schwerdt gegen Schwerdt. Dann wird Fortuna in einem Augenblik aus einem von beyden

Theilen ihren glüklichen Günstling auswählen, dem sie die Ehre dieses Tages zuwenden, und den sie mit einem glorreichen Siege küssen wird. Wie gefällt euch dieser wilde Rath, mächtige Fürsten? Schmekt er nicht ein wenig nach der Politik?

König Johann. Nun bey dem Himmel, der über unsern Häuptern hängt, er gefällt mir. Frankreich, laßt uns unsre Kräfte vereinbaren, und dieses Angiers dem Erdboden gleich machen; dann wollen wir erst durch die Waffen ausmachen, wer König davon seyn soll?

Faulconbridge (zu Frankreich.) Und wenn du anders die Empfindlichkeit eines Königs hast, so richte, da du eben so sehr als wir selbst von dieser halsstarrigen Stadt beleidigt worden bist, den Rachen deiner Artillerie, wie wir der unsrigen, gegen diese trozigen Mauern; und wenn wir sie zu Boden geschmettert haben, nun, dann könnt ihr's mit einander aufnehmen, und einander, wie es kommt, gen Himmel oder in die Hölle schiken.

König Philipp.
So wollen wir's machen; saget, wo wollt ihr angreiffen?

König Johann.
Wir wollen von Westen Zerstörung in den Busen dieser Stadt senden.

Östreich.
Ich von Norden.

König Philipp. Unser Donner soll von Süden einen Hagel von Kugeln auf diese Stadt regnen.

Faulconbridge (leise.)
Eine weise Einrichtung! Von Norden zu Süden; Östreich und

Frankreich werden einander ins Gesicht schiessen. Ich will sie
dazu aufreizen;

(laut;)

kommt, hinweg, hinweg!

Bürger. Hört uns, grosse Könige; laßt euch gefallen noch einen Augenblick zu verweilen, und ich will euch einen Vorschlag zum Frieden und zu einem annehmlichen Verglich thun. Gewinnet lieber diese Stadt ohne Wunden, und lasset diese Kriegsmänner, die als Schlachtopfer auf den Wahlplaz hieher gekommen sind, ihr Leben wieder nach Hause tragen, und in ihren Betten sterben. Verharret nicht auf euerm Vorsaz, sondern höret mich, grosse Könige.

König Johann.
Redet, wir erlauben es, und wollen hören.

Bürger. Diese Infantin von Spanien, Lady Blanca, ist nahe mit England verwandt; betrachtet den jungen Ludwig, den Dauphin, und dieses liebenswürdige Mädchen. Wenn wollüstige Liebe auf die Jagd der Schönheit ausgehen wollte, wo könnte sie solche schöner finden, als in Lady Blanca? Wenn keusche Liebe gehen wollte, die Tugend aufzusuchen, wo könnte sie solche reiner finden, als in Lady Blanca? Wenn ehrsüchtige Liebe ein Bündniß mit hohem Stande machen will, in welchen Adern rinnt ein edler Blut als in Lady Blanca's? So wie sie an Schönheit, Tugend und Geburt ist, so vollkommen ist der junge Dauphin, in jedem Stüke; soll er nicht vollkommen seyn, o, so sagt nur, er ist nicht sie; so wie ihr nichts anders mangelt, (wenn das ein Mangel heissen kan,) als daß sie nicht er ist. Er ist die Helfte eines vollkommnen Mannes, bestimmt, durch eine solche Sie vollendet zu werden; und sie eine schöne getheilte

Vortreflichkeit, deren vollständige Vollkommenheit in ihm ligt. O! zween solche Silberströme, wenn sie sich vereinigen, machen die Ufer worinn sie zusammenfliessen, zu Paradiesen. Diese Vereinigung soll mehr über unsre festverschloßnen Thore vermögen als Batterien; denn sobald ihr dieses Bündniß beschlossen haben werdet, soll sich der Mund des Zugangs, schneller als der Bliz des Pulvers ihn mit Gewalt eröffnen könnte, von freyen Stüken weit aufthun, euch einzulassen; aber ohne dieses Bündniß, ist die ergrimmte See nicht halb so taub, sind Löwen nicht halb so unerschroken, und Berge und Felsen so unbeweglich; nein, der Tod selbst ist in seiner verderblichen Wuth nicht halb so unerbittlich, als wir, diese Stadt zu behaupten.

Faulconbridge. Das ist ein Redner, der das faule Gerippe des Todes aus seinen Lumpen herausschüttelt. Das ist ein grosses Maul, in der That, das Tod und Berge, Felsen und Seen ausspeyt, und von brüllenden Löwen so vertraulich spricht, als Mädchen von dreyzehn Jahren von Schooßhündchen. Was für ein Constabel zeugte dieses lustige Blut? Er spricht lauter Canonen-Feuer, Rauch und Knall; er giebt Prügel-Suppe mit seiner Zunge; unsre Ohren kriegen Stokschläge; er sagt nicht ein Wort, das nicht eine derbere Maulschelle giebt als eine Französische Faust. Zum Henker! Ich bin nie so mit Worten abgepläut worden, seit ich meines Bruders Vater Papa genennt habe.

Elinor (zu König Johann, leise.) Sohn, gieb diesem Vorschlag Gehör, geh dieses Bündniß ein, und gieb ihnen mit unsrer Nichte eine Morgengabe, womit sie zufrieden seyn können; denn durch dieses Band kanst du dein izt wankendes Recht an die Crone so feste machen, daß jener grüne Bube keine Sonne haben wird, um die Blüthe zu zeitigen, die eine mächtige Frucht verspricht. Ich sehe Nachgiebigkeit in Frankreichs Bliken; sieh, wie sie einander zuflüstern; fasse sie bey diesem Augenblik, da ihre Seelen fähig sind, sich durch die Hoffnung einer vergrösserten Macht bestechen zu lassen, sonst möcht' ihr Eifer für Arthurs Sache, der izt durch den lauen Athem von sanften Bitten, Mitleiden und Bedenklichkeiten aufgeschmelzt worden, wieder erkalten, und zu der vorigen Härte gefrieren.

Bürger. Was antworten Eure Majestäten auf den gütlichen Vorschlag unsrer bedräuten Stadt?

König Philipp. Sprecht zuerst, England, da ihr der erste waret, der seinen Antrag an diese Stadt machte; was ist eure Gesinnung?

König Johann. Wofern der hier gegenwärtige Dauphin, dein königlicher Sohn, in diesem Buche der Schönheit lesen kan, ich liebe; so soll ihre Mitgift soviel wägen als eine Königin; denn Anjou, und das schöne Touraine, Maine, Poitou, und alles, was (diese belagerte Stadt hier ausgenommen,) auf dieser Seite des Meers unsrer Crone einverleibt ist, soll ihr Braut-Bette vergülden, und sie an Titeln, Würden und Gütern so reich machen, als sie an Geburt, Erziehung und Schönheit, jeder andern Princeßin in der Welt die Wage hält.

König Philipp.
Was sagst du denn, Junge? Sieh der Princeßin ins Gesicht.

Ludwig. Ich thu es, Sire, und ich find' in ihren Augen ein Wunderwerk, oder doch eine wunderbare Erscheinung, meinen eignen Schatten in ihren Augen abgebildet, der, ob er gleich nur der Schatten euers Sohnes ist, eine Sonne wird, und euern Sohn zu einem Schatten macht. Ich versichre euch, ich liebte mich selbst noch nie bis izt, da ich mich selbst in der schmeichelnden Tafel ihres Auges abgerissen finde.

Blanca (zu Ludwig.) Meines Oheims Wille ist in dieser Sache der meinige; was er nur immer an euch sehen mag, das ihm gefällt, dieses Etwas, das ihm gefällt, kan ich ohne Mühe zu meinem Willen übertragen; oder, um eigentlicher zu reden, wenn ihr wollt, kan ich es leicht meiner Liebe aufnöthigen. Milord, ohne euch über alles was ich liebenswürdiges an euch sehe, zu schmeicheln, will ich nur soviel sagen, daß ich nichts an euch sehe, was, wenn gleich die Tadelsucht selbst Richter seyn sollte, einiges Hasses würdig wäre.

König Johann.
Was sagen diese jungen Leute? Was sagt ihr, meine Nichte?

Blanca. Daß ihre Ehre sie verbindet, alles zu thun, was eurer Klugheit ihr zu befehlen belieben wird.

König Johann.
Redet dann, Prinz Dauphin, könnt ihr diese Lady lieben?

Ludwig. Fragt mich vielmehr, ob es mir möglich sey, sie nicht zu lieben; denn ich liebe sie im höchsten Grade.

König Johann. So geb' ich dir also Volquessen, Touraine, Maine, Poitiers und Anjou, diese fünf Provinzen, mit ihr; und über dieses noch die volle Summe von dreyßigtausend Mark Englischen Geldes. Philipp von Frankreich, wenn du damit zufrieden bist, so befiehl deinem Sohn und deiner Tochter einander die Hände zu geben.

König Philipp. Wir sind es vollkommen zufrieden, ihr jungen Prinzen, vereinigst eure Hände.

Östreich. Und eure Lippen dazu; denn ich erinnre michs noch wohl daß ich es so machte, wie ich das erstemal versprochen wurde.

König Philipp. Nun, ihr Bürger von Angiers, öffnet eure

Thore, um die Freundschaft einzulassen die ihr gestiftet habt, damit ohne Verzug diese Vermählung in St. Martins Capelle sollennisirt werden könne. Ist die Lady Constantia nicht in dieser Gesellschaft? Doch sie kan nicht hier seyn; ihre Gegenwart würde diesem neugeschloßnen Verglich ein starkes Hinderniß in den Weg gelegt haben. Wo ist sie, und ihr Sohn, wer kan es mir sagen?

Ludwig.
Sie sizt voll Traurigkeit und Unwillen in Eurer Majestät Gezelt.

König Philipp. Bey meiner Ehre, dieses Bündniß das wir getroffen haben, wird ihrer Schwermuth wenig Lindrung geben. Bruder von England, wie können wir diese Fürstliche Wittwe zufrieden stellen? Zu Behauptung ihres Rechts sind wir gekommen, und nun haben wir uns, Gott weiß es, zu unserm eignen Vortheil, auf eine andre Seite gedreht.

König Johann. Wir wollen alles gut machen; denn wir wollen den jungen Arthur zum Herzog von Bretagne und Grafen von Richmond ernennen, und ihn überdiß zum Herrn dieser schönen reichen Stadt machen. Ruffet die Lady Constantia; ladet sie eilfertig zu unsrer Feyrlichkeit ein; wenn wir gleich nicht das ganze Maaß ihres Willens erfüllen, so werden wir sie doch in gewissem Maasse befriedigen, und wenigstens ihren Ausruffungen den Mund stopfen. Izt laßt uns zu Vollziehung dieser unvorgesehnen und unvorbereiteten Solennität keine Zeit verliehren.

(Alle gehen ab, bis auf Faulconbridge.)

Sechste Scene.

Faulconbridge. Närrische Welt! närrische Könige! närrisches Zeug zusammen! Johann, um Arthurn sein Recht zum Ganzen zu benehmen, begiebt sich freiwillig eines Theils; und Frankreich, dem das Gewissen seine Rüstung angeschnallt, den Eifer und Christliche Liebe als Gottes eignen Waffenträger ins Feld geführt, läßt sich nun von diesem Vorsaz-Ändrer entwafnen, diesem schlauen Teufel, diesem Mäkler, der immer der Treue den Hals bricht, diesem täglichen Eidbrecher, der alle Menschen verführt, Könige, Bettler, Alte, Junge, und der die Mädchen selbst, die sonst nichts äusserliches zu verliehren haben als das Wort Mädchen, die armen Dinger auch um das betrügt; diesem glattmaulichten Stuzer, diesem kizelnden Schmeichler, Interesse—Interesse, der die ganze Welt aus ihrem ebnen natürlichen Lauf heraushebt, und ohne alle gerade Richtung, Absicht und Regel forttreibt. Und eben dieses Interesse, diese Kupplerin, dieser Mäkler, dieser allesverwandelnde Zauberer, auf das Auge des wankelmüthigen Philipps geplakt, hat ihn von seinem festgesezten Endzwek, von einem beschloßnen und ehrenvollen Krieg, zu einem höchst schimpflichen und niederträchtigen Frieden gezogen—Und warum ziehe ich wider dieses Interesse los, als weil es noch bisher nicht um mich gebuhlt hat; nicht, weil ich die Stärke hätte die Hand zuzuschliessen, wenn seine schönen Engel mir die ihrige darreichen würden; sondern weil meine Hand, die noch immer leer gelassen worden, gleich einem armen Bettler über die Reichen schmählt. Wohl dann, so lang ich ein Bettler bin, will ich über die Reichen schmählen, und sagen, es sey keine grössere Sünde als reich seyn: Und wenn ich reich bin, dann soll meine Tugend darinn bestehen, daß ich behaupte, es sey kein Laster als Dürftigkeit. Wenn Könige selbst ihren Eid aus Eigennuz brechen, so sey du mein Gott, Gewinnst; denn dir allein will ich dienen.

(Er geht ab.)

Dritter Aufzug.

Erste Scene.
(Des Französischen Königs Gezelt.)
(Constantia, Arthur und Salisbüry, treten auf.)

Constantia. Gegangen, um sich zu vermählen? Um einen Frieden zu schwören? Treuloses Blut mit treulosem Blut vereinigt! Gegangen, um Freunde zu seyn? Ludwig soll Blanca haben, und Blanca diese Provinzen? Es ist nicht so, du hast dich verredet, du hast nicht recht gehört; es kan nicht seyn, du sagst nur, es sey so; ich bin versichert daß du nicht die Wahrheit sagst, denn dein Wort ist nur der eitle Athem eines gemeinen Mannes. Glaube mir, Mann, ich glaube dir nicht, ich habe den Eid eines Königs für das Gegentheil; du sollt dafür gestraft werden, daß du mich so erschrekt hast; denn ich bin krank, und leicht in Furcht zu sezen; mißhandelt und unterdrükt, und also voller Furcht; eine Wittwe ohne Mann, ohne Beschüzer, also der Furcht unterworffen; ein Weibsbild, von Natur zur Furchtsamkeit gebohren; und wenn du izt gleich bekennen würdest, daß du nur gescherzt habest, so könnte ich doch meine in Unordnung gebrachten Lebensgeister nicht sogleich wieder beruhigen, sondern sie werden diesen ganzen Tag zittern und schaudern. Was soll dieses Kopfschütteln bedeuten? Warum siehst du meinen Sohn so traurig an? Warum legst du die Hand auf deine Brust? Warum diese Thränen, die wie ein aufgeschwollner Bach über ihre Ufer stürzen? Sind diese schwermüthigen Seufzer Bekräftigungen deiner Worte? So sprich noch einmal, nicht deine vorige Erzählung, sondern nur diß einzige Wort, ob deine Erzählung wahr ist oder nicht?

Salisbury. So wahr als ihr Ursache habt, diejenige für falsch zu halten, welche schuld an der Wahrheit meiner Aussage sind.

Constantia. Oh, wenn du mich lehrst diese kummervolle Zeitung zu glauben, so lehre diese kummervolle Zeitung wie sie mich tödten soll, damit ihr Glaube und mein Leben so an einander stossen, wie die Wuth von zween ergrimmten Männern, die in dem Augenblik da sie auf einander treffen, fallen und sterben. Ludwig vermählt sich mit Blanca? O Junge, was bist dann du? Frankreich, Freund von England? Was wird dann aus mir? Geh, Mann, ich kan deinen Anblik nicht ausstehen diese Zeitung hat dich zu einem abscheulichen Mann gemacht.

Salisbury. Was habe ich dann Übels gethan, gute Lady, als das Übel anzuzeigen, das andre gethan haben?

Constantia. Welches aber an sich selbst so scheußlich ist, daß es alle die nur davon reden abscheulich macht.

Arthur.
Ich bitte euch, Mutter, gebt euch zufrieden.

Constantia. Wenn du, der mich zufrieden seyn heißt, häßlich wärest, ungestalt, und deiner Mutter Leibe schimpflich, voller Fleken und ekelhafter Finnen, lahm, albern, buklicht, krummbeinicht, ungeheuer, und mit Kräze und Eiterbeulen überdekt; dann wollt' ich mich nicht bekümmern, dann wollt' ich mich zufrieden geben; denn alsdann würd' ich dich nicht lieben, nein, noch würdest du deiner hohen Geburt werth seyn, und eine Crone verdienen.

Aber du bist schön, und Natur und Glük haben bey deiner Geburt, du theurer Knabe, sich vereiniget, dich groß zu machen. Wie die Natur dich begabt hat, kanst du mit Lilien und halb entfalteten Rosen um den Vorzug streiten. Aber das Glük! oh sie ist treulos worden, sie ist von dir abgefallen, hält stündlich mit deinem Oheim zu, und hat mit ihrer goldnen Hand Frankreich an sich gerissen, und dahin gebracht, die Ehre der unumschränkten Herrschaft in den Staub zu treten, und seine Majestät zu ihrer Kupplerin zu machen. Frankreich ist eine Kupplerin zwischen dem Glük und Johann, dem Glük, dieser ehrlosen Meze, und diesem räuberischen Johann. Sag mir, Bursche, ist Frankreich nicht meineidig? Vergift' ihn mit Worten, oder geh deines Weges, und laß mich allein bey diesen Kränkungen, die ich allein tragen muß.

Salisbury. Verzeihet mir, Madam, ich darf nicht ohne euch zu den Königen zurük kommen.

Constantia. Du darfst, du sollst, ich will nicht mit dir gehen; ich will meinen Schmerz lehren stolz zu seyn; denn Schmerz ist stolz, und macht seinen Besizer eigensinnig. Zu mir, und zu dem Hofstaat meines grossen Kummers mögen die Könige sich versammeln; denn mein Kummer ist so groß, daß nichts als die unbewegliche gigantische Erde ihn unterstüzen kan; hier siz' ich und mein Schmerz; hier ist mein Thron, sage den Königen, daß sie kommen und sich vor ihm büken.

(Sie sezt sich auf den Boden.)

Zweyte Scene.
(König Johann, König Philipp, Ludwig, Blanca, Elinor, Faulconbridge und Östreich.)

König Philipp. Es ist wahr, schöne Tochter; und dieser gesegnete Tag soll auf ewig in Frankreich festlich seyn. Diesen Tag feyrlicher zu machen, hält die glorreiche Sonne in ihrem Lauf inne, und spielt den Alchymisten, indem sie durch den Glanz ihres funkelnden Auges die magre klumpichte Erde in schimmerndes Gold verwandelt. Der jährliche Kreislauf, der diesen Tag wiederbringt, soll ihn nie anders als einen Fest-Tag sehen.

Constantia (indem sie aufsteht.) Ein unglüklicher Tag, und nicht ein Fest-Tag! Was hat dieser Tag verdient? Was hat er gethan, daß er mit goldnen Buchstaben unter die heiligen Zeiten in den Calender gesezt werden soll? Nein, stoßt ihn vielmehr aus der Woche aus, diesen Tag der Schande, der Unterdrükung und des Meineids; oder wenn er ja stehen bleiben muß, so laßt schwangre Frauen beten, daß sie ihrer Bürde nicht an diesem Tag entbunden werden; laßt, ausser an diesem Tag, den Seefahrer keinen Schiffbruch fürchten, und keinen Vertrag gebrochen werden, der nicht an diesem Tage gemacht worden; ja, alles was an diesem Tage angefangen wird, nehm' ein unglükliches Ende, und die Treue selbst verwandle an ihm sich in Falschheit und Betrug!

König Philipp.
Beym Himmel, Lady, ihr habt keine Ursache die freudigen Begegnisse
dieses Tages zu verwünschen; hab ich euch nicht meine Majestät zum
Unterpfand gegeben?

Constantia. Ihr habt mich mit einer nachgemachten Majestät betrogen, die, sobald sie auf den Probstein gestrichen worden, sich falsch befunden hat; ihr seyd meineidig, meineidig seyd ihr; ihr kam't in Waffen, meiner Feinde Blut zu vergiessen, und vermischet und verstärket es nun mit dem eurigen. Freundschaft und geschminkter Friede haben den Plaz der kühnen Streitbegierde und des edeln kriegrischen Zorns genommen, und unsre Unterdrükung ist zum Sigel dieses Bundes gemacht worden. Waffnet, waffnet euch, ihr himmlischen Mächte, wider diese meineidigen Könige; eine Wittwe ruft: Sey mein Gemahl, o Himmel! Laß diesen Ungöttlichen Tag sich nicht im Frieden schliessen; sondern sende, eh die Sonne untergegangen seyn wird, bewaffnete Zwietracht zwischen diese treulosen Könige. Höre mich, o höre mich!

Östreich.
Lady Constantia, gebt euch zufrieden.

Constantia. Krieg, Krieg, keinen Frieden; Frieden ist Krieg für mich. O Lymoges, o Östreich! du schändest diesen edeln Raub, womit du pralest! du Sclave, du Elender, du Memme, du kleiner Hasenritter, in nichts groß als in Niederträchtigkeit, und nie herzhaft als wenn du dich hinter die stärkste Parthey verbergen kanst; du Ritter der Fortuna, der nie ficht, wenn dieses wetterläunische Fräulein nicht neben dir steht, und dir Bürge für deine Sicherheit ist; du bist auch meineidig, und schmeichelst den Grossen. Was für ein Narr bist du, für ein kriechender Narr, zu pralen und zu stampfen und zu schwören, daß du meine Parthey halten wollest; du kaltherziger Sclave, hast du nicht wie ein Donner an meiner Seite gesprochen? Geschworen, daß du die Waffen für mich führen wollest, und mich ermahnet, mich deinem Glüke und deiner Stärke anzuvertrauen? Und nun trittst du auch zu meinen Feinden über? du, eine Löwen-Haut tragen? herab damit, wenn du noch eine Schaam in dir hast, und häng' ein Kalbsfell um diese ehrlosen Schultern.

Östreich.
O daß ein Mann mir das sagte!

Faulconbridge.
Und häng' ein Kalbsfell um diese ehrlosen Schultern.

Östreich.
Untersteh dich das zu sagen, Schurke, wenn dir dein Leben lieb ist.

Faulconbridge.
Und häng' ein Kalbsfell um diese treulosen Schultern.

Östreich. Mich däucht, Richards Stolz und Richards Fall sollt' eine Warnung für euch seyn, Herr.

Faulconbridge. Was für Worte sind das? Wie schwanken meine Sehnen! Meines Vaters Feind in meines Vaters Raub gehüllt! Wie flüstert mir Alecto ins Ohr: Zögre nicht, Richard, schlage den nichtswürdigen Kerl zu Boden, zieh ihm dieses unvergleichliche Ehrenzeichen ab, das Denkmal des Triumphs deines Vaters über die Wilden—Nun bey seiner Seele schwöre ich, bey meines Vaters Seele, ich will nicht zweymal die Sonne aufgehen sehen, bis ich dieses Siegeszeichen von deinem Rüken gezogen, und dir das Herz davor zerschmettert habe, daß du dich unterstanden es zu tragen.

König Johann. Höre auf, du mißfällst uns mit solchen Reden, und vergissest dich selbst.

Dritte Scene.
(Pandolph zu den Vorigen.)

König Philipp.
Hier kommt der heilige Legat des Papsts.

Pandolph.
Heil euch, ihr gesalbten Stadthalter des Himmels! An dich, König
Johann, geht meine heilige Gesandtschaft. Ich, Pandolph, Cardinal
Erz-Bischof von Meiland, und Legat des Papsts Innocentius allhier,

frage dich in seinem Namen auf dein Gewissen, warum du gegen die
Vorrechte der Kirche, unsrer heiligen Mutter, den erwählten Erz-
Bischof von Canterbüry, Stephan Langton, so vorsezlicher und
gewaltthätiger Weise von diesem heiligen Stuhl zurükstossest?
Dieses ists, was in unsers vorbesagten heiligsten Vaters, Papsts
Innocentius, Namen, ich dich fragen soll.

König Johann. Was für ein irdischer Name kan den freyen Athem geheiligter Könige zu Fragstüken anhalten? Du kanst keinen schlechtern, unwürdigern und lächerlichern Namen erdenken, Cardinal, um mich zu einer Antwort zu vermögen, als des Papsts seinen. Sag ihm das, und seze noch dieses aus Englands Mund hinzu, daß wir nicht gestatten werden, daß ein Italiänischer Priester Zehnden oder Zoll in unsern Gebieten einziehe; sondern, so wie wir in unsern Reichen, unter dem Himmel das oberste Haupt sind, so wollen wir auch unter ihm, diesem grossen Oberherrn, allein und ohne Beyhülf einer sterblichen Hand, dieses unser Ansehen behaupten. Sagt das dem Papst, mit Beyseitsezung aller Ehrfurcht gegen ihn und seine anmaßliche Autorität.

König Philipp.
Bruder von England, ihr lästert indem ihr so sprecht.

König Johann. Ob gleich ihr und alle Könige der Christenheit euch von diesem unruhigen Priester auf eine grobe Art hintergehen laßt, daß ihr einen Fluch fürchtet, der sich mit Geld abkauffen läßt, und durch das Verdienst von abschäzigem Gold, Quark, Staub, verfälschten Ablaß von einem Menschen erkauft, der bey diesem Handel den

Ablaß sich selber abkauft, ob gleich ihr und alle übrigen, euch so grob betrügen laßt, diesen heiligen Taschenspieler mit Einkünften zu überhäuffen; so hab ich doch Muth, ich allein, mich dem Papst entgegenzusezen, und halte seine Freunde für meine Feinde.

Pandolph. So sey dann du, kraft der rechtmäßigen Gewalt die ich habe, mit dem Fluch und Bann der Kirche belastet; und gesegnet soll der seyn, der sich wider seine Lehenspflicht gegen einen Kezer empört; und verdienstlich soll die Hand genennt werden, canonisirt und als heilig verehrt, die, durch was für ein Mittel es auch sey, dir dein verfluchtes Leben nimmt.

Constantia. O laß es erlaubt seyn, daß mir Rom eine Weile Plaz mache, ihm zu fluchen. Guter Vater Cardinal, sprich du Amen zu meinen Flüchen; denn ohne eine Kränkung, wie die meinige, ist keine Zunge, die Gewalt hat, ihm recht zu fluchen.

Pandolph. Hier, Lady, ist die gesezmäßige Vollmacht, die meinen Fluch rechtmäßig macht.

Constantia. Ist es der meinige minder? Wenn das Gesez kein Recht thun kan, so laßt rechtmäßig seyn, daß das Gesez kein Unrecht hindre; das Gesez kan meinem Kinde hier sein Königreich nicht geben; denn der, der von seinem Königreich Meister ist, ist Meister vom Gesez; da nun das Gesez selbst vollkommnes Unrecht ist, wie kan das Gesez meiner Zunge verbieten zu fluchen?

Pandolph. Philipp von Frankreich, wenn du nicht selbst in den Bann fallen willst, so laß die Hand dieses Erz-Kezers fahren, und biete die ganze Macht von Frankreich wider ihn auf, es wäre dann, daß er sich unter Rom demüthigte.

Elinor.
Wirst du blaß, Frankreich? Laß deine Hand nicht gehen.

Constantia.
Habe Sorge, Teufel, damit Frankreich sich nicht ändre, und durch
Zurükziehung seiner Hand die Hölle eine Seele verliehre.

Östreich.
König Philipp, gieb dem Cardinal Gehör.

Faulconbridge.
Und häng' ein Kalbsfell um seine ehrlosen Schultern.

Östreich.
Gut, Galgenschwengel, ich muß diese Beleidigungen einsteken, weil—

Faulconbridge. deine Hosen weit genug dazu sind, sie zu tragen.

König Johann.
König Philipp, was sagst du zu dem Cardinal?

Constantia.
Was kan er anders sagen, als wie der Cardinal.

Ludwig. Bedenket euch, Vater; die Frage ist, ob ihr euch den schweren Fluch von Rom, oder den leichten Verlust von Englands Freundschaft zuziehen wollt; wählet das leichteste Übel.

Blanca.
Das ist Rom's Fluch.

Constantia. Ludwig, halte fest; der Teufel versucht dich hier in Gestalt einer schmuken jungen Braut.

König Johann.
Der König ist unruhig, und giebt keine Antwort.

Constantia (zu Philipp.)
O entfernt euch von ihm, und antwortet recht.

Östreich.
Thut das, König Philipp, hängt nicht länger im Zweifel.

Faulconbridge.
Häng nichts als ein Kalbsfell, du allerangenehmste Laus.

König Philipp.
Ich bin ganz in Verwirrung, und weiß nicht was ich sagen soll.

Pandolph. Die Verwirrung würde noch grösser seyn, wenn du exkomunicirt und verflucht würdest.

König Philipp. Guter ehrwürdiger Vater, sezet euch an meine Stelle, und saget mir, was ihr thun würdet? Diese königliche Hand und die meinige sind nur erst zusammengefügt, und eine innerliche Vereinigung unsrer Seelen durch ein feyrliches Bündniß und die ganze Stärke geheiligter Eydschwüre unauflöslich gemacht worden. Der lezte Athem, den unsre Lippen zu Worten bildeten, war festgeschworne Treue, Friede, Freundschaft und aufrichtige Liebe zwischen uns und unsern Königreichen. Und unmittelbar vor diesem Friedenschluß, nicht länger als daß wir zu Beschwörung desselben die Hände waschen konnten, waren sie, der Himmel weiß es, mit neuvergoßnem Blut beflekt. Und sollen nun diese Hände, die nur erst davon gereiniget, nur erst in Freundschaft zusammengefügt worden, sich wieder trennen, die beschworne Treue brechen, und des Himmels spotten? Sollen wir so unbeständige Kinder aus uns selbst machen, einen

Augenblik darauf wieder unsre Hände zurükzuziehen? Soll die beschworne Treue wieder abgeschworen, und das Brautbette des lächelnden Friedens von blutigem Krieg zertreten werden? O heiliger Mann, mein ehrwürdiger Vater, laßt es nicht so seyn! Erfindet, rathet, schlaget einen gelindern Weg vor, und wir wollen uns glüklich schäzen, euch zu willfahren und Freunde zu bleiben.

Pandolph. Alle Form ist unförmlich, und jeder Weg ein Irrweg, der nicht der Freundschaft mit England entgegensteht. Zu den Waffen also; sey der Verfechter unsrer Kirche, oder die Kirche unsre Mutter wird ihren Fluch über dich aussprechen, den Fluch einer Mutter über einen rebellischen Sohn. Frankreich, es wäre dir besser eine Schlange bey ihrer Zunge, einen ergrimmten Löwen bey seiner mördrischen Taze, einen hungernden Tyger bey seinen Zähnen zu halten, als in Freundschaft diese Hand zu halten, die du hältst.

König Philipp.
Ich kan wohl meine Hand aber nicht meinen Eyd zurük ziehen.

Pandolph. Du machst also die Pflicht zu einem Feind der Pflicht und sezest, wie in einem Bürger-Krieg, Eyd gegen Eyd, und Versprechen gegen Versprechen. Hast du nicht dein erstes Gelübde dem Himmel gethan, nemlich ein Beschüzer unsrer Kirche zu seyn, und muß dieses nicht zuerst erfüllt werden? Was du seitdem geschworen hast, ist wieder dich selbst geschworen, und kan nicht von dir vollzogen werden; denn wenn du geschworen hast unrecht zu thun, so besteht das Unrecht darinn, wenn du deinen Schwur hältst; und wenn du ihn nicht hältst, wofern ihn zu halten unrecht ist, so kanst du deine Pflicht nicht besser halten, als wenn du ihn nicht hältst. In diesem Fall ist das Rechtmäßigste, zweymal Unrecht zu thun; es scheint unrecht, aber das Unrecht wird dadurch wieder recht, und Untreue heilt Untreue, wie Feuer in den gerösteten Adern eines Menschen, der verbrennt wird, das Feuer kühlt. Die Religion ist es, was beschworne Gelübde halten macht; allein du hast wider die Religion geschworen; du schwörst bey etwas, wider welches du schwörst, und machst einen Eid zur Sicherheit deiner Treue, gegen einen Eid, dessen Treue du dadurch unsicher machst. Wenn man schwört, so schwört man ja allein, daß man nicht meineidig seyn soll; was für ein Gespötte wär' es sonst zu schwören? Du aber schwörst allein, um falsch zu schwören; und bist meineidig, wenn du hältst was du geschworen hast.* Dein lezter Eid, den du gegen deinen ersten geschworen hast, ist also in dir selbst eine Empörung gegen dich selbst. Und du kanst nimmermehr einen bessern Sieg davon tragen, als wenn du dein beßres Selbst gegen diese eiteln schwindlichten Eingebungen waffnest; wozu unser Gebet, wenn du es annehmen willst, dir beystehen soll. Wo nicht, so wisse, daß unsre Flüche so heftig auf dich blizen sollen, daß du nicht vermögend seyn wirst sie abzuschütteln, sondern unter ihrer schwarzen Last in Verzweiflung sterben wirst.

{ed.-* In dieser langen Rede läßt Shakespeareden Legaten seine Geschiklichkeit in der Casuistik zeigen; und das abentheurliche Gemengsal von Wortspielen und Non-sens, woraus sie besteht, soll, nach seiner Absicht die Scholastische Dialectik lächerlich machen. Wenn der Legat, wie im Verfolg des Stüks geschieht, als ein Staatsmann redet, spricht er aus einem ganz andern Ton; und ich vermuthe, die Absicht war zu zeigen, daß die Römischen Höflinge ungleich bessere Politici als Theologi seyen. Warbürton.}

Östreich.
Rebellion, offenbare Rebellion—

Faulconbridge.

Kan es denn nicht seyn? Ist denn kein Kalbsfell da, das dir dein
Maul stopfen kan?

Ludwig.
Vater, zu den Waffen.

Blanca. An deinem Hochzeit-Tage? Wider das Blut, mit dem du dich vermählt hast? Wie? Sollen erschlagne Menschen unserm Fest beywohnen? Sollen brausende Trompeten und lautlermende Trummeln, den Tact zu unserm hochzeitlichen Gepränge geben? O höre mich, mein Gemahl, (o Himmel! wie neu ist dieses Wort in meinem Munde!) um dieses Namens willen, den meine Zunge izt zum erstenmal ausspricht, auf meinen Knien, bitt' ich dich, ergreiffe die Waffen nicht gegen meinen Oheim.

Constantia. O, auf meinen Knien bitte ich dich, und sollt ich so lange knien, bis sie hart würden, du tugendhafter Dauphin, wende die vom Himmel zugedachte Rache nicht ab.

Blanca.
Izt ist die Gelegenheit, da du mir deine Liebe beweisen kanst; was
für ein Beweggrund kan mehr bey dir gelten, als der Name einer
Gemahlin?

Constantia.
Das was ihn und dich aufrecht erhält, seine Ehre. O deine Ehre,
Ludwig, deine Ehre!—

Ludwig.
Ich erstaunen wie Euer Majestät so kalt seyn kan, da so

wichtige
Betrachtungen auf sie würken.

Pandolph.
Ich will den Fluch über sein Haupt aussprechen.

König Philipp.
Du sollst es nicht nöthig haben. England, ich falle von dir ab.

Constantia.
O edle Wiederkehr der verbannten Majestät!

Elinor.
O schändliche Empörung der Französischen Unbeständigkeit!

König Johann.
Frankreich, du sollst diese Stunde noch in dieser Stunde bereuen.

Blanca. So muß die Sonne in Blut untergehen. Schöner Tag, fahr' wohl! Wo ist die Parthey mit der ich gehen muß? Ich stehe zwischen beyden, jede Armee hat eine Hand, und indem ich beyde halte, reissen sie sich in ihrer Wuth von einander, und zerstüken mich. Gemahl, ich kan nicht beten, daß du gewinnen mögest; Oheim, ich bin gezwungen zu beten, daß du verliehrest; Vater, ich kan das Glük nicht auf deine Seite wünschen; Großmutter, ich will nicht wünschen, daß deine Wünsche erhört werden; keine Parthey kan gewinnen, ohne daß ich auf der andern verliehre.

Ludwig.
Folget mir, Madame, euer Glük hängt nun von dem meinigen ab.

Blanca.
Wo mein Glük lebt, stirbt mein Leben.

König Johann.
Vetter, geh und ziehe unsre Völker zusammen.

(Faulconbridge geht ab.)

Frankreich, ich bin von einem Grimm entflammt, dessen Hize nichts als Blut, das Blut, das kostbarste Blut von Frankreich löschen kan.

König Philipp. Deine Wuth soll dich aufzehren, und du sollt in Asche zusammenfallen, eh unser Blut diß Feuer löschen soll. Sieh zu dir selbst, du wagest viel.

König Johann.
Nicht mehr als der so mir dräuet. Zun Waffen! hinweg!

(Sie gehen ab.)

Vierte Scene.
(Verwandelt sich in das Schlachtfeld.)
(Lerm; Gefecht; Faulconbridge mit Östreichs Kopf, tritt auf.)

Faulconbridge. Nun bey meinem Leben, dieser Tag wird entsezlich heiß; irgend ein feuriger Teufel brütet in der Luft, und schüttet Unheil herab. Hier lig du, Östreichs Kopf,—So hat König Richards Sohn sich seines Gelübds entlediget, und der unsterblichen Seele seines Vaters Östreichs Blut zum Todten-Opfer gebracht. (König Johann, Arthur und Hubert treten auf.)

König Johann. Hier Hubert, bring diesen Knaben in Verwahrung—Richard, ermuntre dich; meine Mutter wird in ihrem Gezelt bestürmt, und ist, wie ich besorge, gefangen.

Faulconbridge. Ich befreyte sie, Gnädigster Herr; ihre Hoheit ist in Sicherheit, besorget nichts. Aber zurük, mein König; noch ein wenig Arbeit wird diesen Tag zu einem glüklichen Ende bringen.

(Sie gehen ab.)

Fünfte Scene.
(Lermen; Gefecht; Flucht; König Johann, Elinor, Arthur, Faulconbridge, Hubert und Lords treten wieder auf.)

König Johann.
So soll es seyn;

(zu seiner Mutter.)

Euer Gnaden soll unter einer starken Bedekung zurükbleiben;

(zu Arthur.)

Vetter, sieh nicht so traurig aus; deine Großmama hat dich lieb, und dein Oheim will deines Vaters Stelle bey dir vertreten.

Arthur.
O diß wird meine Mutter vor Schmerz sterben machen.

König Johann (zu Faulconbridge.) Vetter, auf, nach England; eile voran, und siehe, daß du noch vor unsrer Ankunft unsre reichen Äbte schüttelst; sez du ihre gefangnen Engel in Freyheit; der hungrige Krieg muß an den fetten Ribben des Friedens zehren. Vollziehe unsern

Auftrag mit dem äussersten Nachdruk.

Faulconbridge.
Gloke, Buch und Kerze sollen mich nicht zurüktreiben, wo Gold und
Silber mich einladen einen Besuch zu machen. Ich verlasse Eu.
Majestät; Großmutter, wenn mir anders einmal einfällt fromm zu seyn,
will ich für eure Wohlfahrt beten; und hiemit küß' ich euch die
Hand.

Elinor.
Lebe wohl, mein lieber Vetter.

König Johann.
Vetter, lebe wohl.

(Faulconbridge geht ab.)

Elinor.
Komm zu mir, kleiner Vettermann—auf ein paar Worte—

(Sie nimmt den Arthur auf die eine Seite des Theaters.)

König Johann (zu Hubert auf der andern Seite.) Komm hieher, Hubert. O mein lieber Hubert, wir sind dir sehr verbunden; in diesen Mauern von Fleisch ist eine Seele die dein Schuldner ist, und deine Liebe mit Wucher zu bezahlen gedenkt. Glaube mir, mein guter Freund, der freywillige Eid, womit du dich zu meinem Dienst verbunden hast, lebt in diesem Busen und wird theuer geachtet. Gieb mir deine Hand, ich wollte dir etwas sagen— aber ich will es auf eine gelegnere Zeit versparen. Beym Himmel, Hubert, ich bin recht beschämt, wenn ich denke, wie grosse Verbindlichkeiten ich dir habe.

Hubert.
Ich bin es, der Euer Majestät unendlich verpflichtet ist.

König Johann. Mein guter Freund, du hast noch keine Ursache das zu sagen—Aber du sollt bekommen—und so langsam die Zeit auch kriechen mag, so soll sie doch kommen, daß ich dir Gutes thun kan. Ich hatte dir was zu sagen—Aber, laß es gehen: Die Sonne ist am Himmel, und der stolze Tag, von den Freuden der Welt umgeben, ist zu üppig, zu voll von Lustbarkeiten, um mir Gehör zu geben. Wenn die mitternächtliche Gloke mit ihrer ehernen Zunge über die schlaftrunkne Geschöpfe der Nacht Eins erschallen liesse; wenn dieser Plaz wo wir stehn, ein Kirchhof wäre, und du vom Gefühl von tausend Beleidigungen besessen wärst; oder wenn der saure Geist der Melancholie dein Blut, das izt küzlend in deinen Adern auf- und ab rollt, so dik wie Leim gemacht hätte; oder wenn du sehen könntest ohne Augen, hören könntest ohne Ohren, und mir antworten ohne Zunge; wenn du, ohne Augen, ohne Ohren, ohne den beleidigenden Schall von Worten, durch blosse Gedanken mit mir reden könntest; denn wollt' ich, troz dem großaugichten wachtsamen Tag meine Gedanken in deinen Busen ausschütten—Aber so, will ich nicht—Und doch liebe ich dich sehr, und bey meiner Treue, ich denke, du liebest mich auch.

Hubert.
So sehr, daß ich, ich schwör es beym Himmel, alles unternehmen will,
was Euer Majestät mir befehlen kan, wenn gleich der Tod mit der
That verknüpft wäre.

König Johann. Weiß ich nicht, daß du es thun würdest? Guter Hubert, Hubert, Hubert, wirf dein Auge auf jenen Knaben; ich will dir was sagen, Freund; er ist eine rechte

Schlange in meinem Wege, und wohin ich den Fuß sezen will, ligt er vor mir. Verstehst du mich? Du bist sein Hüter.

Hubert. Und ich will ihn so hüten, daß er Eu. Majestät nimmer in den Weg kommen soll.

König Johann.
Tod.

(leise.)

Hubert.
Gnädigster Herr.

König Johann.
Ein Grab.

Hubert.
Er soll nicht leben.

König Johann.
Genug, nun könnt' ich aufgeräumt seyn. Hubert, ich habe dich lieb.
Gut, ich will nicht sagen, was ich für dich thun will; Vergiß es
nicht—

(indem er zu Elinor zurükgeht.)

Madame, lebet wohl, ich will Euer Majestät die bewußten Truppen zusenden.

Elinor.
Mein Segen geht mit euch.

König Johann (zu Arthur.) Izt nach England, Vetter; Hubert soll euer Mann seyn, und euch mit aller schuldigen Ehrerbietung zu Diensten stehen, auf, nach Calais, hinweg!

(Sie gehen ab.)

Sechste Scene.
(Verwandelt sich in den Französischen Hof.)
(König Philipp, Ludwig, Pandolpho, und Gefolge treten auf.)

König Philipp.
So wird durch ein heulendes Ungewitter auf dem Meer eine ganze
Armade von vereinbarten Segeln zerstreut und von einander
verschlagen.*

{ed.-*Dieses Gleichniß, das an sich selbst an diesem Ort nicht zur Sache paßt, ist, wie viele andere Stellen in diesem Stüke, eine Anspielung auf die spanische Invasion im Jahr 1588, und die damalige Zeit-Umständ; indem dieses Schauspiel längstens einen oder zween Winter darnach zum erstenmal aufgeführt wurde. Warburton.}

Pandolph.
Nur guten Muth gefaßt, alles soll noch gut gehen.

König Philipp. Was kan gut gehen, wenn es uns so übel geht? Sind wir nicht geschlagen? Ist nicht Angiers verlohren? Arthur gefangen? Verschiedne von unsern besten Freunden erschlagen? Und unser blutiger Gegner, mit verächtlichem Troz nach England zurükgegangen?

Ludwig. Was er gewonnen hat, hat er befestiget: So kluge Entwürfe, mit einem solchen Feuer ausgeführt, eine so gute Ordnung, in einem so ungestümen Lauf ist ohne Exempel; wer hat jemals von einer Action wie diese ist, gelesen oder gehört?

König Philipp. Ich könnte es nach wohl ertragen, daß England dieses Lob erhielte, wenn ich nur wenigstens ein Beyspiel, für unsre Schande kennte. (Constantia zu den Vorigen.) Sehet, wer kommt hier? Das Grab einer Seele, das den unsterblichen Geist wider seinen Willen in der verhaßten Gefangenschaft eines gequälten Athems hält. Ich bitte dich, Lady, komm mit mir hinweg.

Constantia.
Seht, seht, das ist nun der Ausgang euers Friedens.

König Philipp.
Geduld, gute Lady; guten Muth, theure Constantia.

Constantia. Nein, ich biete allem Rath, aller Hoffnung Troz, ausser dem was allem Rath und aller Hoffnung ein Ende macht. Tod, Tod; o angenehmer liebenswürdiger Tod! du wohlriechender Gestank, du gesunde Fäulniß, steh auf aus deinem Lager einer ewigen Nacht, du Abscheu und Schreken des Glüks; und ich will deine ekelhaften Knochen küssen, und meine Augen in deine holen Augen-Löcher steken, und diese Finger mit den Würmern, die in dir hausen, umwinden, und diesen Mund mit deinem vermoderten Staub verstopfen, und ein scheusliches Gerippe werden, wie du. Komm, grinse mich an, und ich will denken du lächelst, und dich wie dein Weib umarmen; o du Liebling des Elends, komm, komm zu mir!

König Philipp.
O schöne Bekümmerniß, stille!

Constantia. Nein, nein, ich will nicht, so lang ich noch Athem habe zu schreyen; o, daß meine Zunge im Munde des Donners stäke, damit ich mit meinem Schmerz die ganze

Welt erschüttern, und dieses entfleischte faule Gerippe vom Schlaf aufweken könnte, das die Anrufung einer schwachen weiblichen Stimme nicht hören will.

Pandolph.
Lady, ihr stoßt Unsinn aus, nicht Schmerz.

Constantia. Du versündigest dich, das du das glaubst; ich bin nicht unsinnig; dieses Haar das ich ausrauffe, ist mein; mein Nam ist Constantia, ich war Gottfrieds Weib; der junge Arthur ist mein Sohn, und er ist verlohren! Ich bin nicht unsinnig; wollte Gott, ich wär' es! denn alsdann könnt' ich vergessen, wer ich bin. O wenn ich es könnte, was für einen Schmerz würd' ich vergessen! Predige irgend eine Philosophie, die mich unsinnig mache, und du sollt canonisirt werden, Cardinal. Denn, weil ich nicht unsinnig bin, sondern meinen Schmerz fühle, so arbeitet mein vernünftiger Theil, wie ich mich von diesem Jammer befreyen möge, und lehrt mich, daß ich mich erstechen oder erhängen soll. Wenn ich unsinnig wäre, würd' ich meinen Sohn vergessen, oder in meinem Wahnwiz denken, das nächste Wikel-Kind sey mein Sohn; ich bin nicht unsinnig; zu gut, allzugut fühl ich die eigene Quaal jedes besondern Jammers.

König Philipp. Bindet diese fliegenden Loken auf; O was für Liebe seh ich in dieser schönen Menge ihrer Haare; wohin nur von ungefehr ein Silbertropfe gefallen ist, eben zu diesem Tropfen drängen sich zehntausend feurige Freunde in geselligem Schmerz zusammen, gleich wahren unzertrennlichen, getreuen Liebhabern, die mit einander im Unglük ausharren.

Constantia.
Nach England, wenn ihr wollt.—

König Philipp.
Bindet eure Haare auf

Constantia. Ja, das will ich; und warum will ich es thun?
Ich riß sie aus ihren Fesseln, und rief. O daß diese Hände
meinem Sohne so die Freyheit geben könnten, wie sie diesen
Haaren ihre Freyheit gegeben haben! Aber nun beneid' ich
ihre Freyheit, und will sie wieder in ihre Fesseln schliessen,
weil mein armes Kind ein Gefangner ist. Und Vater Cardinal,
ich hab' euch sagen gehört, wir werden unsre Freunde im
Himmel wieder kennen. Wenn das ist, so werd ich meinen
Jungen nimmer wieder sehen. Denn seit der Geburt Cains,
des ersten männlichen Kindes bis zu dem, der erst gestern
seufzte, ist keine anmuthigere Creatur gebohren worden.
Aber nun wird der Krebs des Kummers meine Rosenknospe
fressen, und die angebohrne Schönheit von seinen Wangen
jagen; er wird aus holen Augen wie ein Gespenst schauen,
so düster und hager wie ein vom Fieber ausgezehrter
Kranker, und so wird er sterben und wenn er so wieder
aufersteht, und ich ihn in dem himmlischen Hofe wieder
antreffe, so werd' ich ihn nicht kennen; und also werd ich
meinen holdseligen Arthur nimmer, nimmer wieder sehen.

Pandolph.
Ihr überlaßt euch euerm Schmerz zu sehr.

Constantia.
Das sagt mir einer, der niemals einen Sohn hatte—

König Philipp.
Ihr liebet euern Schmerz, wie ihr euer Kind liebt.

Constantia. Mein Schmerz füllt den Plaz meines abwesenden
Kindes aus, ligt in meinem Bette, geht mit mir auf und ab,
zeigt mir seine anmuthigen Blike, wiederholt seine Worte,
erinnert mich an alle seine liebreizenden Eigenschaften; ich

hab' also Ursache meinen Schmerz zu lieben. Gehabt ihr euch wohl; hättet ihr einen solchen Verlust erlidten wie ich, so könnte ich bessern Trost geben als ihr thut. Ich will diesen Prunk nicht auf meinem Kopf leiden,

(Sie reißt ihren Kopfzeug ab.)

da eine solche Unordnung in meinem Verstand ist. O Gott, mein Kind, mein Arthur, mein schöner Sohn! Mein Leben, meine Freude, meine Nahrung, mein Alles in der Welt! Mein Trost, die einzige Lindrung meines Kummers! Mein Sohn! Mein Sohn!

(Sie geht ab.)

König Philipp.
Ich besorge, es entsteht noch ein Unglük; ich will ihr folgen.

Siebende Scene.

Ludwig. Es ist nichts in der Welt, das mir mehr Vergnügen geben kan; das Leben ist mir so ekelhaft als ein zweymal erzähltes Mährchen, das die schlaffen Ohren eines schläfrigen Menschen plagt. Eine bittre Schmach hat den angenehmen Geschmak der Welt verderbt, so daß sie izt nach lauter Schande und Bitterkeit schmekt.

Pandolph. Eh eine heftige Krankheit geheilt wird, unmittelbar vor dem Augenblik der wiederkehrenden Gesundheit, ist der Anstoß am heftigsten; scheidende Übel scheinen am schlimmsten, indem sie verschwinden. Was habt ihr denn durch den Verlust dieses Tages verlohren?

Ludwig.
Alle ruhmvollen, frohen, glüklichen Tage meines Lebens.

Pandolph. Glaubet mir, dann hättet ihr verlohren, wenn ihr diesen Tag gewonnen hättet. Nein, nein; wenn's das Glük am besten mit den Menschen meynt, so sieht es sie mit einem dräuenden Auge an. Es ist unglaublich, wie viel König Johann gerade dadurch verlohren hat, was er für klaren Gewinn rechnet. Schmerzt es euch nicht, daß Arthur sein Gefangner ist?

Ludwig.
So herzlich, als er sich freut daß er ihn hat.

Pandolph. Euer Verstand ist noch so jung als euer Blut. Nun höre mich aus einem prophetischen Geiste reden; der blosse Athem der Worte die ich reden werde, soll jeden Staub, jeden Strohhalm, jedes kleine Hinderniß aus dem Wege wehen, der deinen Fuß gerade zu Englands Thron führen wird; höre also! Johann hat sich Arthurs bemächtiget, und es ist unmöglich, daß, so lange warmes Leben in seinen jungen Adern spielt, Johann, der seinen Thron usurpirt, eine Stunde, ein Minute, ja nur einen Augenblik ruhig athmen könnte. Ein Scepter der mit einer unrechtmäßigen Hand geführt wird, muß so gewaltthätig erhalten werden, als er gewonnen worden; und wer auf einem schlüpfrigen Plaz steht, ist nicht so zärtlich, daß ihm etwas zu garstig seyn sollte, woran er sich halten kan. Damit Johann stehen könne, muß Arthur fallen; und so sey es, da es nicht anders seyn kan.

Ludwig.
Aber was kan ich durch Arthurs Fall gewinnen?

Pandolph.
Vermöge des Rechts eurer Gemalin Blanca, könnt ihr alsdann in alle
Ansprüche Arthurs eintreten.

Ludwig.
Und Ansprüche, Leben und alles verliehren, wie Arthur.

Pandolph. Wie grün und jung ihr in dieser alten Welt noch seyd! König Johann thut das wichtigste für euch; die Umstände conspiriren mit euch, und der, so in Vergiessung des rechtmäßigen Bluts seine Sicherheit sucht, wird nichts als eine blutige und unsichre Sicherheit finden. Diese Übelthat wird die Herzen seines ganzen Volks erkälten, und ihren Eifer für ihn so sehr gefrieren machen, daß sie den schlechtesten Anlas, seiner Regierung ein Ende zu machen, mit Freuden ergreiffen werden. Es wird keine natürliche Ausdünstung in der Luft seyn, kein Mißgriff der Natur, kein Wetter-Tag, kein gemeiner Sturmwind, keine gewöhnliche Naturbegebenheit, denen sie nicht eine übernatürliche Ursache geben, die sie nicht Meteore, Wunderzeichen, Mißgeburten und Vorbedeutungen, kurz, Zungen des Himmels nennen werden, die überlaut wider Johann um Rache schreyen.

Ludwig. Es ist aber möglich, daß er dem jungen Arthur das Leben läßt, und sich begnügt, ihn in einer ewigen Gefangenschaft zu halten.

Pandolph. O Prinz, wenn er von eurer Annäherung hören wird, und Arthur nicht schon fort ist, so stirbt er denselben Augenblik: Und dann werden die Herzen aller seiner Unterthanen sich wider ihn empören, sich nach Veränderung sehnen, und von dieser blutigen That Anlas zu Aufruhr und Krieg nehmen. Mich däucht, ich sehe diesen Lermen schon vor meinen Füssen; und o! was kan für euch glüklichers gebrütet werden, als was ich gesagt habe!—Der Bastard Faulconbridge ist nun in England, brandschäzet die Kirche, und übet unchristliche Gewaltthätigkeit aus. Wenn nur zwölf bewehrte Franzosen dort wären, sie würden wie ein Zusammenruf seyn, und in einem Augenblik zehntausend Engländer an ihrer Seite sehen; oder wie ein kleiner Schneeball, der sich herabwälzt und ein Berg wird. Edler Dauphin, folge mir zum Könige; es ist erstaunlich, was für Folgen aus ihrem Mißverständniß gezogen werden können. Izt, da ihre Seelen von Unwillen bis oben an gefüllet sind, izt England zu; ich will an dem Könige treiben.

Ludwig.
Grosse Beweggründe zeugen grosse Thaten; wir wollen gehen; wenn ihr
Ja sagt, wird der König gewiß nicht Nein sagen.

(Sie gehen ab.)

Vierter Aufzug.

Erste Scene.
(Verwandelt sich in England.)
(Ein Gefängniß.)

(Hubert und zween Nachrichter treten auf.)

Hubert.
Macht mir diese Eisen glühend, und, du dort, bleibe hinter den
Tapeten stehen; und wenn ich mit dem Fuß stampfe, so rausch hervor
und binde den Knaben, den du bey mir finden wirst, fest an den
Lehnstuhl: Gieb wol Acht; hinweg und wache.

Nachrichter
Ich hoffe, euer Befehl werde die That verantworten.

Hubert.
Unnöthige Bedenklichkeiten! Fürchtet nichts, habt Sorge—
Junger
Herr, kommt hervor, ich hab' euch was zu sagen. (Arthur tritt auf.)

Arthur.
Guten Morgen, Hubert.

Hubert.
Guten Morgen, kleiner Prinz.

Arthur.
Mit einem grossen Anspruch ein so kleiner Prinz als einer seyn mag.
Ihr seyd traurig.

Hubert.
In der That, ich bin schon lustiger gewesen!

Arthur. Der Himmel sey mir gnädig! Mich däucht, niemand sollte traurig seyn als ich; doch erinnre ich mich, wie ich noch in Frankreich war, an junge Leute, die aus lauter Muthwillen so traurig waren, wie die Nacht. So wahr ich ein Christ bin, wär ich nur aus dem Gefängniß und hütete Schaafe, ich wollte so frölich seyn als der Tag lang ist. Und das wollt' ich auch hier seyn, wenn ich nicht von meinem Oheim noch mehr böses besorgte. Ist es mein Fehler, daß ich Gottfrieds Sohn worden bin? In der That, es ist nicht; und wollte Gott ich wäre euer Sohn, so würdet ihr mich lieben, Hubert.

Hubert (vor sich.) Wenn ich mit ihm rede, so wird er durch sein unschuldiges Geschwäze mein erstorbnes Mitleiden aufweken. Ich will also eilen, und meinen Auftrag vollziehen.

Arthur. Seyd ihr krank, Hubert! Ihr seht heute so blaß aus; gewißlich, ich wollt' ihr wäret ein wenig krank, damit ich die ganze Nacht neben euch sizen und mit euch wachen könnte. Ach! ich liebe euch mehr, als ihr mich lieb habt.

Hubert.
Seine Reden dringen mir ins Herz.

(Er zeigt ihm ein Papier.)

Ließ hier, junger Arthur—

(Bey Seite.)

Wie nun, närrisches Wasser, must du mein gefrohrnes Mitleiden aufthauen! Ich muß es kurz machen, oder mein Entschluß verträpfelt in weibischen Thränen aus meinen Augen—Könnt' ihr's nicht lesen? Ist es nicht schön geschrieben?

Arthur. Nur zu schön Hubert, zu einer so häßlichen Absicht. So müßt ihr meine beyden Augen mit Eisen ausbrennen.

Hubert.
Ich muß, junger Herr.

Arthur.
Und ihr wollt es?

Hubert.
Und ich will.

Arthur. Habt ihr das Herz dazu? wenn euch nur der Kopf weh that, so band ich euch mein Schnupftuch um die

Stirne; (mein bestes das ich hatte, eine Princeßin hatt' es mir gestikt;) und ich fordert' es niemals wieder von euch; und des Nachts hielt' ich euch mit meiner Hand den Kopf, und wachte bey euch die ganze Nacht durch, und fragte alle Minuten: was fehlt euch? oder, wo thut's euch weh? oder, was kan ich euch zu liebe thun? Manches armen Manns Sohn würde still gelegen seyn, und nicht ein einziges freundliches Wort zu euch gesagt haben, und ihr hattet einen Prinzen zum Krankenwärter—Doch nein, ihr könt denken, meine Liebe zu euch sey nur verstellt und eigennüzig gewesen. Thut es, wenn ihr wollt; wenn es dem Himmel so gefällt, daß ihr übel mit mir umgehen sollt, nun dann, so müßt ihr— wollt ihr mir die Augen ausreissen, die euch niemals nur einen sauern Blik gaben, und es auch niemals thun sollen?

Hubert. Ich habe geschworen, daß ich es thun wolle, und ich muß sie mit glühenden Eisen ausbrennen.

Arthur. Ach, niemand, als in dieser eisernen Zeit, würde das thun. Das Eisen selbst, obgleich feuerroth von Hize, würde, wenn es an diese Augen käme, meine Thränen trinken, und in ihrem unschuldigen Wasser seine feurige Wuth löschen. Seyd ihr härter als Eisen? O! wenn ein Engel zu mir gekommen wäre und hätte mir gesagt, Hubert werde mir die Augen ausstossen, ich hätt' es ihm nicht geglaubt; keiner andern Zunge würd' ichs glauben, als deiner eignen.

Hubert (stampft auf den Boden, und die Männer kommen herein.)
Hervor, thut wie ich euch befehle.

Arthur (erschroken.) O Hubert, rette mich! Meine Augen sind schon aus, nur von den grimmigen Bliken dieser blutigen Männer.

Hubert.
Gebt mir das Eisen sag ich, und bindet ihn hieher.

Arthur. O Gott, wozu habt ihr nöthig so ungestüm-rauh zu seyn? Ich will mich nicht sträuben, ich will wie ein Stein still halten. Um des Himmels willen, Hubert, laßt mich nicht binden! Nein, höre mich, Hubert, treibe diese Männer weg, und ich will ruhig still sizen wie ein Lamm. Ich will mich nicht regen, nicht wimpern, kein Wort reden, und das Eisen nicht zornig ansehen: Schiket nur diese Männer fort, und ich will euch vergeben, was ihr mir auch für Marter anthun möget.

Hubert.
Geht, bleibt vor aussen, laßt mich allein mit ihm.

Nachrichter.
Es ist mir lieber, weit von einer solchen That zu seyn.

(Sie gehen ab.)

Arthur. Ach, so hab ich meinen Freund weggetrieben; er hat einen erschreklichen Blik, aber ein mitleidiges Herz; laßt ihn wieder herein kommen, damit sein Mitleiden das eurige aufweke.

Hubert.
Komm, Junge, bereite dich.

Arthur.
Ist denn kein Mittel?

Hubert.
Keines, als deine Augen zu verliehren.

Arthur. O Himmel! daß doch nur ein Stäubchen, ein Splitterchen, eine Müke, ein irrendes Haar in den eurigen

wäre; wenn ihr fühltet, was für Ungemach die kleinsten
Dinge in diesem kostbaren Sinn anrichten, euer grausames
Vorhaben müßt' euch entsezlich vorkommen.

Hubert.
Ist diß dein Versprechen; komm her, schweig und rühre dich
nicht—

Arthur. Hubert, du willt mir nicht erlauben, daß ich um
meine Augen jammere; ach, heisse mich nicht schweigen,
Hubert, heisse mich's nicht; oder schneide mir die Zunge
aus, wenn du willt, und laß mich nur meine Augen
behalten. Sieh, bey meiner Treu, das Eisen ist kalt, und
würde mir kein Leid thun.

Hubert.
Ich kan es wieder heiß machen, Junge.

Arthur. Nein, in rechtem Ernst, das Feuer ist vor Schmerz
todt, daß es, zum Trost der Menschen erschaffen, zu einer
solchen Grausamkeit gebraucht werden soll. Seht nur
selbst, diese brennenden Kohlen haben keine Kraft mehr; der
Athem des Himmels hat sie ausgelöscht, und mit reuiger
Asche überstreut.

Hubert.
Aber ich kan sie mit meinem Athem wieder anblasen.

Arthur. Und wenn ihr's thut, Hubert, so werdet ihr sie nur
erröthen, und über euer Verfahren vor Schaam glühen
machen; ja, vielleicht werden sie euch in die Augen funkeln,
wie ein Hund, der zum Angreiffen genöthigt wird, nach
seinem Meister schnappt, der ihn anhezt. Alle Dinge, die ihr
gebrauchen könnt mir übels zu thun, versagen ihren
Dienst; ihr allein habt nicht einmal so viel Erbarmen mit
mir, als Feuer und Eisen, Geschöpfe, die doch zu den

unbarmherzigsten Verrichtungen gebraucht werden.

Hubert. Wohlan dann, sieh und lebe; ich will deine Augen nicht anrühren, wenn mir gleich dein Oheim alle seine Schäze geben wollte. Und doch hab' ich geschworen; und ich war entschlossen, mit diesem Eisen hier sie auszubrennen.

Arthur. O! nun seht ihr wieder wie Hubert aus. Alle diese Weile war't ihr verlarvt.

Hubert. Stille, nichts weiter. Adieu; euer Oheim darf nichts anders wissen, als daß ihr todt seyd. Ich will diese hündische Auflaurer mit falschen Nachrichten anfüllen; und du, holdseliges Kind, schlaffe ruhig, und sicher, daß Hubert, um die ganze Welt, dir nichts Leides thun wollte.

Arthur.
O Himmel! ich danke euch, Hubert.

Hubert. Stille, nichts weiter; geh' sachte mit mir hinein; ich seze mich keiner kleinen Gefahr um deinetwillen aus.

(Sie ziehen ab.)

Zweyte Scene.
(Verwandelt sich in den Hof von England.)
(König Johann, Pembroke, Salisbury, und andre Lords treten auf.)

König Johann. So sizen wir dann noch einmal wieder hier, noch einmal gekrönt, und, wie ich hoffe, mit gewognen Augen angesehen.

Pembroke. Dieses noch einmal, war, mit Euer Hoheit

Erlaubniß, überflüßig; ihr seyd vorher schon gekrönt worden, und dieser königliche Schmuk ist euch niemals abgerissen, niemals die euch zugeschworne Treue durch Empörung gebrochen worden. Kein Verlangen nach Veränderungen hat das Land beunruhiget, und niemand hat sich, in Hoffnung sein Glük zu verbessern, nach neuen Staats-Auftritten gelüsten lassen.

Salisbury. Dieser doppelte Pomp einen Titel zu befestigen, der vorhin schon sicher war, ist eben soviel als feines Gold übergülden, die Lilie weiß färben, die Viole parfumiren, das Eis glätten, den Regenbogen mit einer neuen Farbe bereichern, und dem schönen Auge des Himmels durch ein Fakel-Licht einen höhern Glanz geben wollen; es ist vergebliche Verschwendung und lächerlicher Überfluß.

Pembroke. Allein, da euer königlicher Wille erfüllt werden mußte, so ist dieser Actus nun ein neu-erzähltes altes Mährchen; jedoch, weil eine ungelegne Zeit dazu genommen worden, bey der lezten Wiederholung, widrig und übel aufgenommen.

Salisbury. Das graue und wohlbekannte Angesicht des alten ächten Herkommens ist dadurch sehr entstellt; es giebt, gleich einem unversehns sich drehenden Winde, dem Lauf der Gedanken einen neuen Schwung, schrekt die stuzende Überlegung auf, und macht gesunde Gesinnungen krank, und Wahrheit verdächtig, da es in einer so neuzugeschnittnen Kleidung aufzieht.

Pembroke. Wenn Handwerksleute sich bemühen noch besser zu machen als gut, so bringt ihr Fleiß Mißgeburten hervor; und die Entschuldigung eines Fehlers macht oft den Fehler desto schlimmer, weil die Entschuldigung ein neuer Fehler ist; wie Lappen, die auf einen kleinen Riß gesezt werden, ein Gewand durch die Verbergung des Risses mehr entstellen, als der Riß that, eh er so geflikt war.

Salisbury. Aus diesen Betrachtungen mißriethen wir diese neue Krönung eh sie vollzogen wurde; allein es gefiel Eu. Hoheit darüber hinaus zu gehen, und wir lassens uns alle wol gefallen; indem alles und jedes, was wir wollen könnten, vor Eu. Hoheit Willen Halte machen muß.

König Johann. Einige Ursachen von dieser doppelten Krönung hab' ich euch schon eröffnet, und ich halte sie für stark. Noch weit stärkere werd' ich euch zu seiner Zeit entdeken, und ich bin also dieses Puncts wegen ohne Furcht. Inzwischen zeiget nur an, was ihr gerne verbessert hättet, und ihr sollt erfahren, wie bereitwillig ich eure Bitten anhören und erfüllen will.

Pembroke. Erlaubet also, Gnädigster Herr, daß ich, als derjenige, der die Zunge von diesen allen ist, und die Gedanken ihres Herzens ausspricht, (für Sie sowol als mich selbst, am meisten aber für eure eigne Sicherheit, für welche wir alle unsre besten Bemühungen anwenden) angelegenst um die Befreyung des jungen Arthur bitten; dessen Einsperrung die murmelnden Lippen des Mißvergnügens in gefährliche Reden auszubrechen reizt. Wenn ihr das, was ihr in Ruhe besizt, auch mit Recht besizt, warum soll die Furcht (die, wie man sagt, sonst nur den Fußtritt des Unrechts begleitet,) euch bewegen, euern jungen Neffen einzusperren, ihn in einer barbarischen Unwissenheit zu lassen, und seiner Jugend alle Vortheile einer guten Erziehung zu versagen? Laßt euch also gefallen, damit die Übelgesinnten keinen Vorwand haben, dessen sie bey Gelegenheit sich bedienen könnten, uns eine Bitte zu gewähren, wozu Ihr selbst uns aufgemuntert habt, und ihm seine Freyheit zu schenken, um die wir nicht anders zu unserm besten bitten, als weil unser bestes von dem Eurigen abhängt. (Hubert zu den Vorigen.)

König Johann.
Ich bin es zufrieden, und vertraue seine Jugend eurer
Aufsicht an —
Hubert, was bringt ihr Neues?

Pembroke (zu Salisbury.) Das ist der Mann, der die blutige
That thun sollte, er zeigte einem von meinen Freunden, den
Befehl den er dazu hatte. Das Bild einer gräßlichen Übelthat
lebt in seinem Auge; sein betretnes und gezwungnes
Aussehen verräth ein sehr beunruhigtes Herz, und mir ist
bange, die That möchte schon geschehen seyn, die ihm
befohlen worden.

Salisbury. Der König verändert die Farbe alle Augenblike, sie
kommt und geht von seinem Vorhaben zu seinem Gewissen,
und von diesem zu jenem, wie Herolde zwischen zwey
fürchterlichen Schlacht-Ordnungen; seine
Gemüthsbewegung schwillt so sehr an, daß sie nothwendig
aufbrechen muß.

Pembroke.
Und wenn sie aufbricht, so fürcht ich, es wird nichts anders
herauskommen, als der schändliche Eiter von eines
holdseligen
Kindes Tod.

König Johann. Wir können der mächtigen Hand des Todes
keinen Einhalt thun. Er sagt uns, Arthur sey diese Nacht
gestorben.

Salisbury.
In der That, wir besorgten, seine Krankheit möchte
unheilbar seyn.

Pembroke. In der That, wir hörten, wie nah er dem Tode
war, eh das Kind selbst fühlte daß es krank war. Dafür muß

Rede und Antwort gegeben werden, hier oder anderswo.

König Johann.
Warum heftet ihr so feyrliche Blike auf mich? Denkt ihr, ich trage
die Scheere der Göttin des Schiksals? Hab' ich über den Puls des
Lebens zu befehlen?

Salisbury. Es ist augenscheinlich, daß es nicht richtig zugegangen; und es ist schändlich, daß Grösse es auf eine so grobe Art zu erkennen giebt. Wie gut ihr euer Spiel dadurch gemacht habt, wird sich zeigen, und hiemit gehabt euch wohl.

Pembroke. Warte noch, Lord Salisbury, ich will mit dir gehen, und das Erbtheil dieses armen Kindes, sein kleines Königreich von einem gewaltsamen Grabe suchen. Dieses Blut, das ein Recht an alles was auf dieser Insel athmet, hatte, schließt nun ein Raum von drey Schuhen ein. Es ist izt eine schlimme Welt! Aber das muß nicht so gelidten werden; dieses kan, und in kurzem, allen unsern Beschwerden zum Ausbruch helfen.

(Sie gehen ab.)

Dritte Scene.
(Ein Courier zu den Vorigen.)

König Johann (für sich.) Sie brennen vor Unwillen; es reuet mich; es ist kein sichrer Grund der auf Blut gelegt wird, und das Leben wird durch eines andern Tod schlecht gesichert.

(Zum Courier.)

Du siehst erschroken aus! Wo ist das Blut, das ich sonst in deinen Wangen wohnen gesehen habe? Ein trüber Himmel erheitert sich nicht ohne einen Sturm; schütte dein Ungewitter herab; wie geht es in Frankreich?

Courier. Niemals ist in einem Land eine so fürchterliche Kriegszurüstung gemacht worden als in Frankreich, zu einem Einfall in England. Sie haben uns die Eilfertigkeit abgelernt; denn da euch berichtet werden sollte, daß sie sich rüsten, kommt die Zeitung schon, daß sie geländet haben.

König Johann.
In was für einer Trunkenheit haben denn unsre Freunde geschlafen?
Wo ist unsrer Mutter Sorgfalt? daß eine solche Armee in Frankreich
aufgestellt werden soll, und wir nicht einmal etwas davon hören?

Courier. Gnädigster Herr, ihre Ohren sind mit Staub verstopft; den ersten April starb eure edle Mutter, und wie ich höre, ist drey Tage vorher auch die Lady Constantia in Raserey verstorben. Doch dieses habe ich nur von einem schwärmenden Gerüchte; ob es wahr oder falsch ist, weiß ich nicht.

König Johann. Hemme deine Geschwindigkeit, gefahrvolle Zeit; o! mach einen Waffenstillstand mit mir, bis ich meine mißvergnügten Pairs befriedigst habe. Wie? Meine Mutter todt? Wie übel muß es also in meinen Französischen Staaten gehen!—Unter wessen Anführung haben diese Völker aus Frankreich, die du mir ankündigest, hier geländet?

Courier.
Unter dem Dauphin. (Faulconbridge und Peter von Pomfret zu den

Vorigen.)

König Johann.
Du hast mich mit diesen bösen Zeitungen ganz
schwindlicht gemacht—

(Zu Faulconbridge.)

Nun, was sagt die Welt zu unserm Verfahren? Stopfe mir
nicht noch mehr solche schlimme Neuigkeiten in den Kopf,
er ist schon voll.

Faulconbridge. Wenn ihr euch fürchtet das schlimmste zu
hören, so müßt ihr das schlimmste ungehört über euern
Kopf einstürzen lassen.

König Johann.
Habe Geduld mit mir, Vetter; ich war einen Augenblick
betäubt; aber
izt athme ich wieder frey, und kan alles hören, was mir
irgend eine
Zunge sagen kan.

Faulconbridge. Wie ich mit der Geistlichkeit zu Werke
gegangen bin, können die Summen die ich zusammen
gebracht am besten sagen. Allein indem ich das Land, um
hieher zu kommen, durchreiset bin, find' ich das Volk in
einem seltsamen Anstoß von Schwärmerey, von Rumoren
besessen und voll wunderlicher Träume, voller Furcht und
Schreken, ohne zu wissen, was sie fürchten; und hier ist ein
Prophet, den ich von den Strassen von Pomfret, wo ihm ein
unzähliches Volk nachlief, weggenommen, und mit mir
gebracht habe. Er sang ihnen in rauhen hartklingenden
Reimen, daß vor nächstem Auffahrts-Tag, mittags, Eu.
Hoheit die Crone niederlegen würden.

König Johann.

Du eitler Träumer, warum thatest du das?

Peter.
Weil ich vorher weiß, daß es geschehen wird.

König Johann. Hubert, hinweg mit ihm, ins Gefängniß, und auf den Tag, mittags, wenn ich, wie er sagt, die Crone niederlegen soll, laß ihn aufhängen. Bring ihn in sichre Verwahrung und komm wieder, denn ich habe dich nöthig.

(Hubert geht mit Peter ab.) (Zu Faulconbridge.)

O mein liebster Vetter, hörst du die Zeitung, die sich von einer
Landung ausbreitet?

Faulconbridge. Jedermanns Mund ist voll davon; überdas traf ich den Lord Bigot und den Lord Salisbury an, mit Augen so roth wie frisch angeblasenes Feuer, und noch viele andre, welche giengen Arthurs Grab zu suchen, der, wie sie sagen, diese Nacht auf euer Anstiften ermordet worden sey.

König Johann. Mein lieber Vetter, geh, wage dich in ihre Gesellschaft; ich hab' einen Weg ihre Liebe wieder zu gewinnen; bringe sie vor mich.

Faulconbridge.
Ich will sie aufsuchen.

König Johann. Aber eile; du kanst nicht zu sehr eilen. O laßt mich keine einheimische Feinde haben, wenn auswärtige Gegner meine Städte mit dem furchtbaren Pomp eines trozigen Einfalls schreken! Sey mein Mercurius, seze Flügel an deine Füsse, und fliege, wie ein Gedanke, von ihnen zu mir zurük.

Faulconbridge.

Der Geist der Zeit soll mich eilen lehren.

(Er geht ab.)

König Johann.
Das ist gesprochen, wie ein muntrer junger Edelmann
sprechen soll.
Folg ihm; vielleicht hat er einen Courier zwischen mir und den
Pairs nöthig; du taugst am besten dazu.

Courier.
Von Herzen gerne, mein Gebieter.

(Geht ab.)

König Johann.
Meine Mutter todt!

Vierte Scene.
(Hubert tritt auf.)

Hubert. Gnädigster Herr, man sagt, es haben sich diese
Nacht fünf Monde sehen lassen; viere seyen stille gestanden,
und der fünfte habe sich mit einer erstaunlichen
Geschwindigkeit um die andern vier herumgedreht.

König Johann.
Fünf Monde?

Hubert. Alte Männer und alte Mütterchen, auf den Strassen,
machen gefährliche Propheceyungen hierüber; des jungen
Arthurs Tod ist immer in ihrem Mund, und wenn sie von
ihm reden, so schütteln sie die Köpfe und wispern einander
ins Ohr; und der so redt, faßt den Hörer bey der Hand,

indem der, so zuhört, Gebehrden des Entsezens macht, die
Stirne rümpft, den Kopf schüttelt und die Augen verdreht.
Ich sah einen Schmidt mit seinem Hammer, der, indeß daß
sein Eisen auf dem Ambos erkaltete, mit ofnem Maul die
Zeitungen eines Schneiders einschlang, der mit seinem
Ellstab und seiner Scheer in der Hand, in halbangezognen
Schuhen, in die er vor Eilfertigkeit den unrechten Fuß
gestekt hatte, von viel tausend tapfern Franzosen erzählte,
die in Kent in Schlachtordnung stünden; bis ein andrer
hagrer, ungewaschner Handwerksmann seiner Erzählung
ein Ende machte, und von Arthurs Tod redte.

König Johann.
Warum suchst du mich durch dergleichen Schrekbilder zu
beunruhigen?
Warum wiederholst du Arthurs Tod so oft? Deine Hand ist
sein
Mörder gewesen; ich hatte Ursachen seinen Tod zu
wünschen, du
hattest keine.

Hubert.
Ich hatte keine, Sire? Wie? Reiztet ihr mich nicht dazu an?

König Johann. Es ist ein Fluch der Könige, Sclaven um sich
zu haben, die ihre Launen für Befehle nehmen; die einen
blossen Wink des Herrn für ein Gesez halten, das sie zu
jeder blutigen That berechtigt, und die Gedanken der
gefährlichen Majestät zu befolgen glauben, wenn sie
vielleicht mehr aus einem Anstoß von schlimmem Humor
als aus überlegter Absicht sauer sieht.

Hubert.
Hier ist eure Hand, und euer Sigel, für das was ich that.

König Johann. O, wann die lezte Rechnung zwischen

Himmel und Erde gemacht werden wird, dann wird diese Hand und diß Sigel wider uns zeugen! Wie oft wird eine Übelthat nur darum gethan, weil wir die Mittel, sie zu thun, vor uns sehen! Wärest du nicht bey der Hand gewesen, ein Geselle, den die Hand der Natur zu Ausführung einer Schandthat ausgezeichnet hat, dieser Mord wäre mir niemals in den Sinn gekommen. Dein grelles Aussehen, die Geschiklichkeit, die Willigkeit zu gefährlichen Dingen und blutigen Bubenstüken, die ich an dir fand, versuchte mich — Und du, um dich einem König beliebt zu machen, machtest dir kein Gewissen, einen Prinzen zu ermorden.

Hubert.
Gnädigster Herr—

König Johann. Hättest du nur deinen Kopf geschüttelt, nur eine Pause gemacht, da ich dir einen dunkeln Wink von meinem Vorhaben gab, nur einen bedenklichen zweifelhaften Blik auf mich geworffen, oder mich gebeten, daß ich deutlich reden sollte; die Schaam würde mich stumm gemacht und deine Furcht auch in mir Furcht erwekt haben. Aber du verstuhndest mich aus blossen Zeichen, und antwortetest auch durch blosse Zeichen; ja, ohne einen Augenblik zu stoken, liessest du dein Herz einwilligen, und dem zufolge deine rauhe Hand die That vollbringen, die beyder Zungen zu nennen sich scheuten—Hinweg aus meinem Gesicht, laß dich nimmer vor mir sehen. Meine Edeln verlassen mich, mein Reich wird überfallen, und die feindlichen Heere stehen schon vor meinen Thoren gelagert; und ach! in diesem Königreich meiner Seele, in diesen Grenzen von Blut und Athem, herrscht Feindseligkeit und bürgerlicher Aufruhr zwischen meinem Gewissen und meines Neffen Tod.

Hubert. Waffnet euch gegen eure andern Feinde, ich will zwischen euch und euerm Gewissen Friede machen. Der junge Arthur lebt noch; diese meine Hand ist noch eine jungfräuliche, unschuldige Hand, und von Blut unbeflekt. Noch niemals ist in diesen Busen ein meuchelmördrischer Gedanke gekommen, und ihr habt durch euer Urtheil von meinem Aussehen die Natur verleumdet. So rauh es scheinen mag, so bedekt es doch ein Gemüth, das zu edel ist, der Henker eines unschuldigen Kindes zu seyn.

König Johann. Lebt Arthur noch? O so eile zu den Pairs, giesse diese Nachricht auf ihren flammenden Grimm, und zähme sie zu ihrer Schuldigkeit. Vergieb der Auslegung, die meine Leidenschaft über deine Gestalt gemacht hat, denn meine Wuth war blind; und Augen, in denen meine Einbildung eine Blutschuld funkeln sah, stellten dich mir gräßlicher dar als du bist. O, antworte mir nicht, sondern bringe mir die erzürnten Lords mit der äussersten Geschwindigkeit in mein Cabinet. Ich beschwöre dich nur langsam; renne noch eilfertiger.

(Sie gehen ab.)

Fünfte Scene.
(Eine Strasse vor einem Gefängniß.)
(Arthur tritt verkleidet an die Mauer desselben.)

Arthur. Die Mauer ist hoch, und doch will ich herunter springen. Guter Boden, sey mitleidig und thu mir kein Leid. Es kennt mich hier niemand, und wenn man mich auch kennte, so macht mich diese Gestalt eines Schifferjungens völlig unerkenntlich. Ich fürchte mich, und doch will ich es wagen. Wenn ich herunter komme, und unbeschädigt bleibe, will ich tausend Mittel finden, davon zu kommen; es ist eben so gut mein Leben zu wagen, indem ich zu entkommen suche, als mein Leben zu verliehren, wenn ich bleibe.

(Er springt herab.)

Weh mir, meines Oheims Geist ist in diesen Steinen! Himmel, nimm meine Seele auf, und England meine Gebeine.

(Er stirbt.)

(Pembrok, Salisbury und Bigot treten auf.)

Salisbury. Lords, ich will ihm zu St. Edmondsbury entgegen kommen; es ist für uns das sicherste; wir können in den gefährlichen Umständen, worinn wir sind, dieses freundliche Anerbieten nicht ausschlagen.

Pembrok.
Wer überbrachte diesen Brief von dem Cardinal?

Salisbury.
Der Graf von Melun, ein Französischer Edelmann, dessen mündliche
Erzählung von des Dauphins guter Gesinnung gegen uns mir noch weit
mehr gesagt hat, als dieser Brief

Bigot.
So wollen wir ihm dann morgen früh entgegen gehen.

Salisbury.
Oder vielmehr uns auf den Weg machen, denn wir werden zween lange
Tagreisen haben, eh wir bey ihm eintreffen werden.
(Faulconbridge
zu den Vorigen.)

Faulconbridge. Ich freue mich, euch noch einmal anzutreffen, Milords; der König ersucht durch mich um eure unverzügliche Gegenwart.

Salisbury. Der König hat sich selbst aus unserm Besiz gesezt; wir wollen seinen dünnen besudelten Rok nicht mit unsrer reinen Ehre füttern, noch den Fuß begleiten, der, wohin er tritt, blutige Fußstapfen zurük läßt. Kehrt zurük, und sagt ihm das; wir wissen das ärgste.

Faulconbridge. Was ihr auch denken möget, so wären gute Worte, wie ich glaube, das beste.

Salisbury.
Sir, Sir, Ungeduld hat ein Privilegium.

Faulconbridge.
Es ist wahr, seinem Besizer zu schaden, und sonst niemandem.

Pembroke.
Hier ist das Gefängniß; wer ligt hier?

(Indem er Arthur gewahr wird.)

Salisbury.
O Tod, stolz auf die Zerstörung dieser reinen und fürstlichen
Schönheit. Die Erde hat keine Grube, diese That zu verbergen.

Bigot. Der Meuchelmord, als ob er selbst verabscheute, was er gethan hat, legt sie offenbar zur Schau aus, um die Rache aufzureizen.

Salisbury. Sir Richard, was denkt ihr? Habt ihr jemals so etwas gesehen, oder gelesen, oder gehört, oder euch vorstellen können, als ihr hier sehet; ja, könnt ihr es begreiffen, ob ihr's gleich sehet? Könnte die Denkungs-Kraft, ohne einen solchen Gegenstand, eine solche Vorstellung hervorbringen? Es ist der Gipfel, die höchste Spize, das Äusserste von dem Äussersten was der Meuchelmord wagen kan; es ist die blutigste Schandthat, die wildeste Unmenschlichkeit, der niederträchtigste Streich, den jemals die starr-augichte Wuth den Thränen des sanften Mitleidens dargestellt hat.

Pembrok. Alle Mordthaten die jemals geschehen sind, werden durch diese entschuldiget; sie ist so einzig, so mit keiner andern zu vergleichen, daß sie die noch ungebohrnen Sünden der Zukunft rein und heilig, und einen jeden Menschen-Mord zu einem blossen Scherz macht, in Vergleichung mit diesem abscheulichen Spektakel.

Faulconbridge.
Es ist eine verfluchte That, eine gottlose That einer mördrischen
Hand, wenn es anders die That irgend einer Hand ist.

Salisbury. Wenn es die That irgend einer Hand ist? Wir hatten eine Art von Licht, was erfolgen würde. Es ist die schändliche That von Huberts Hand, die hierinn das Werkzeug zu dem Willen des Königs gewesen ist. Und hier, schwöre ich meine Seele von allem Gehorsam gegen ihn los, hier vor dem Ruin dieses anmuthigen Lebens kniend, und athme zu dieser athemlosen Vortreflichkeit den Weyhrauch eines Gelübdes, eines heiligen Gelübdes, daß ich eher von keinem Vergnügen des Lebens kosten, eher keiner Freude und keiner Ruhe den Zutritt zu mir lassen will, bis ich diese ermordete Unschuld durch die feyrlichste Rache versöhnt haben werde.

Pembrok. Bigot.
Unsre Seelen bekräftigen dein heiliges Gelübde!

Sechste Scene.
(Hubert zu den Vorigen.)

Hubert. Milords, ich suche euch allenthalben mit feurigster Eile; Arthur lebt, und der König sendet nach euch.

Salisbury.
O, er ist kühn und erröthet nicht zu todt; hinweg, du verabscheuter
Lasterbube, aus meinem Gesicht!

Hubert.
Ich bin kein Lasterbube.

Salisbury.
Muß ich dem Gesez zuvorkommen?

(Er zieht seinen Degen.)

Faulconbridge.
Euer Schwerdt ist glänzend, Sir, stekt es wieder ein.

Salisbury.
Nicht eher, bis ich ihm eines Mörders Haut zur Scheide gemacht habe.

Hubert. Zurük, Lord Salisbury; zurük, sag ich; beym Himmel, mein Degen ist so scharf als der eurige; ich möchte nicht, Lord, daß ihr euch selbst vergässet, oder die Gefahr meiner abgenöthigten Gegenwehr reiztet; oder ich möchte, von eurer Wuth aufgefodert, euern Werth, euern Adel und eure Grösse vergessen.

Bigot.
Hinweg, Misthaufe, unterstehst du dich einem Edelmann zu trozen?

Hubert. Nicht für mein Leben; aber meine Unschuld untersteh ich mich gegen einen Kayser zu vertheidigen.

Salisbury.
Du bist ein Mörder.

Hubert.
Zwingt mich nicht es zu werden; izt, bin ich noch keiner; Wessen
Zunge falsch redet, redt nicht wahr, und wer nicht wahr redt, lügt.

Pembroke.
Haut ihn in Stüken.

Faulconbridge.
Halte Frieden, sag ich.

Salisbury.
Auf die Seite, Faulconbridge, oder ich will dir die Haut abziehen.

Faulconbridge. Du würdest leichter dem Teufel die Haut abziehen, Salisbury. Wenn du dich erkühnst mich nur sauer anzusehen, nur deinen Fuß vorzusezen, oder ein unanständiges Wort gegen mich auszustossen, so schlag ich dich tod nieder. Steke deinen Degen bey Zeiten ein, oder ich will dich und deinen Bratspieß so zusammenpleuen, daß du denken sollst, der Teufel aus der Hölle sey über dich gekommen.

Bigot. Was willt du thun, ruhmvoller Faulconbridge? Einem Bösewicht beystehen, einem Mörder?

Hubert.
Lord Bigot, ich bin keiner.

Bigot.
Wer ermordete diesen Prinzen?

Hubert. Es ist noch keine Stunde seit ich ihn gesund verlassen habe; ich ehrt' ihn, ich liebt' ihn, und ich will mein lebenlang den Verlust seines süssen Lebens beweinen.

Salisbury. Trauet nicht diesem heuchelnden Wasser in seinen Augen; ein Bösewicht kan auch weinen, und eine lange Übung macht, daß seine erzwungene Zähren Ströme des Mitleidens und der Unschuld scheinen. Folget mir alle, deren Seelen den unreinen Geruch eines Schlachthauses verabscheuen; ich erstike in den Ausdünstungen dieser Schandthat.

Bigot.
Hinweg nach Edmondsbury, zu dem Dauphin.

Pembrok.
Saget dem König, dort könn' er uns erfragen.

(Die Lords gehen ab.)

Siebende Scene.

Faulconbridge.
Das ist eine feine Welt; wißt ihr was um diese saubre Arbeit? Hubert, wann du diese That gethan hast, so reicht eine grenzenlose
Güte nicht zu, dir zu vergeben.

Hubert.
Hört mich nur an, Sir.

Faulconbridge. Ha! ich will dir was sagen; du bist verdammt, so schwarz—Nein, nichts ist so schwarz, tiefer verdammt als Lucifer; es ist kein so scheußlicher Teufel in der Hölle wie du seyn wirst, wenn du diß Kind umgebracht hast.

Hubert.
Bey meiner Seele—

Faulconbridge. Wenn du nur deinen Willen zu dieser Unmenschlichkeit gegeben hast, so verzweifle; und wenn du keinen Strik hast, so wird der dünnste Faden, den jemals eine Spinne aus ihrem Leib gezogen hat, stark genug werden, dich zu erdrosseln; ein Rohr wird ein Balken werden, dich daran zu hängen; oder wenn du dich ersäuffen willst, so gieß nur ein wenig Wasser in einen Löffel, und es wird soviel seyn als der ganze Ocean, zureichend, einen solchen Bösewicht zu erstiken. Du bist mir äusserst verdächtig.

Hubert. Wenn ich durch That, Einwilligung oder nur durch die Sünde eines Gedankens an dem Raub dieses anmuthsvollen Lebens schuldig bin, so möge die Hölle selbst neue Qualen nöthig haben mich zu martern. Er war wohl da ich ihn verließ.

Faulconbridge. Geh, trag' ihn in deinen Armen fort. Ich bin ganz betäubt, däucht mich, und verliehre meinen Weg unter den Dornen und Gefahren dieser Zeit—Wie wenig Mühe brauchst du, ganz England aufzuheben! Aus diesem kleinen zerbrochnen Gehäuse der rechtmäßigen Königs-Würde ist das Leben, der Friede, die Treue von diesem ganzen Königreich gen Himmel geflogen; und das verlaßne England als ein Ding, das keinen rechtmäßigen Eigenthümer hat, ist dem überlassen, der es zuerst zu paken kriegt. Der hündische Krieg sträubt nun, um den halbabgenagten Knochen der Majestät, seinen zürnenden Kamm, und bläkt die Zähne gegen die freundlichen Augen des Friedens. Nun stossen auswärtige Kriegsschaaren und einheimische Mißvergnügte in gerader Linie auf einander, und öde Verwüstung laurt, wie ein Rabe auf ein angestektes und gefallenes Stük Vieh, auf den stürzenden Fall des überwältigten Pomps. Nun ist derjenige glüklich, den sein Priester-Rok und sein Gürtel vor diesem Ungewitter zu Hause bewahrt— Tragt das Kind hinweg, und folgt mir unverzüglich; ich gehe zu dem König; tausend Geschäfte warten auf uns, und der Himmel selbst schießt einen zürnenden Blik auf dieses Land.

(Sie gehen ab.)

Fünfter Aufzug.

Erste Scene.
(Der Englische Hof.)
(König Johann, Pandolph und Gefolge treten auf.)

König Johann.
Hiemit übergeb ich in eure Hand diesen Cirkel meiner Königs-Würde.

(Er giebt ihm die Crone.)

Pandolph. Empfanget wieder aus dieser meiner Hand, als ein Lehen des Papsts, eure königliche Grösse und Autorität.

König Johann. Und nun haltet euer geheiligtes Wort; gehet den Franzosen entgegen, und bedienet euch aller Gewalt, die ihr von Sr. Heiligkeit habt, ihnen, eh sie unser ganzes Reich in Flammen sezen, die Grenzen zu versperren. Unsre mißvergnügten Grafschaften lehnen sich auf, unser Volk sträubt sich gegen seine Pflicht, und schwört einem fremden Blute Treue und Unterwürfigkeit. Dieser Schwall einer fieberhaften Schwärmerey kan von euch allein besänftiget werden. Säumet also nicht; denn die gegenwärtige Zeit ist so krank, daß sie, ohne die Hülfe schleuniger Arzneymittel, gar bald unheilbare Folgen nach sich zöge.

Pandolph. Mein Athem war es, der wegen euers halsstarrigen Bezeugens gegen den Papst, dieses Ungewitter erregte; nachdem ihr euch aber auf eine so glükliche Art verändert habt, so soll eben dieser Athem, diesen Sturm des Kriegs wieder hinweg hauchen, und schönes Wetter in euerm erschütterten Lande machen. An diesem Auffahrts-Tage, erinnert euch dessen wol, geh ich, auf den Eid hin so ihr zum Dienst des Papsts geschworen habt, die Franzosen zu vermögen, daß sie die Waffen niederlegen.

(Er geht ab.)

König Johann. Ist heute Auffahrts-Tag? Sagte nicht der Prophet: An diesem Tage, zu Mittag, sollt ich meine Crone niederlegen? Was hab ich gethan; ich meynte, es sollte durch Gewalt geschehen, aber dem Himmel sey Dank, es geschah bloß freywillig. (Faulconbridge tritt auf.)

Faulconbridge. Ganz Kent hat sich ergeben; nichts hält sich noch als Dover-Castle; London hat wie ein freundlicher Wirth den Dauphin und sein Kriegsheer aufgenommen; eure Edeln wollen euch nicht hören, sondern sind im Begriff, ihre Dienste euerm Feind anzubieten; und die kleine Zahl eurer wankenden Freunde treibt wilde Betäubung hin und her.

König Johann. War die Nachricht, daß Arthur lebe, nicht vermögend, meine Lords zur Wiederkehr zu mir zu bewegen?

Faulconbridge.
Sie haben ihn todt auf die Strasse geworffen gefunden; ein leeres
Kästchen, woraus der Juweel so darinn verschlossen war, das Leben,
von irgend einer verdammten Hand weggestohlen worden.

König Johann.

Der nichtswürdige Bube Hubert sagte mir, er lebe.

Faulconbridge. Ich wollte für ihn schwören daß er nichts anders wußte—aber warum seyd ihr so niedergeschlagen? Warum seht ihr so traurig? Seyd groß in Thaten, wie ihr es in Entschliessungen gewesen seyd. Laßt die Welt keine Furcht, kein banges Mißtrauen in einem königlichen Auge lesen; seyd unternehmend, wie die Gelegenheit die euch auffordert. Sezet dem Feuer Feuer entgegen, drohet dem Dräuer und trozet der rümpfenden Stirne der pralenden Gefahr; so werden eure Anhänger, die ihre Aufführung von ihrem Oberhaupt borgen, durch euer Beyspiel groß werden, und einen unerschroknen Muth fassen. Hinweg, und schimmert wie der Kriegs-Gott, wenn er dem Sieg entgegenzieht; zeigt Kühnheit und Vertrauen auf euch selbst und euer Glük! Wie, sollen sie den Löwen in seiner Höle aufsuchen, und sie sollen ihn da erschreken, ihn zittern machen? O! laßt das nicht gesagt werden. Geht dem Feind herzhaft auf den Leib, und ringet mit ihm, eh er in das Herz euers Landes eindringt.

König Johann. Der Legat des Papsts ist bey mir gewesen, und ich habe Frieden mit ihm gemacht, und er hat mir versprochen, den Dauphin wieder heim zu schiken.

Faulconbridge. O unrühmliches Bündniß! Fremde sollen in unser Land einfallen, und wir sollen kein anders Mittel haben, als Unterhandlungen, Compromiß und erbettelten Waffenstillstand, um sie uns vom Halse zu schaffen? Ein unbärtiger Junge, ein verzärtelter seidener Stuzer soll übermüthig über unsre Felder einherziehn, seinen Muthwillen auf einem kriegerischen Boden herumtummeln, der Luft mit dem bunten Gepränge seiner flatternden Fahnen spotten, und keinen Widerstand finden? Zu den Waffen, mein Königlicher Herr; vielleicht erhält der Cardinal seine Absicht nicht; und wenn er sie auch erhält, so laßt doch wenigstens von uns gesagt werden, daß wir in der Verfassung gewesen, uns wehren zu können.

König Johann. Ich übertrage dir die Gewalt, alles anzuordnen und zu thun, was du in unsern gegenwärtigen Umständen nöthig findest.

Faulconbridge. Auf dann, und guten Muth gefaßt; ich bin gewiß, daß unsre Parthey im Stande wäre, einem stärkern Feind entgegen zu gehen.

(Sie gehen ab.)

Zweyte Scene.
(Das Lager des Dauphins.)
(Ludwig, Salisbury, Melun, Pembrok, Bigot und Soldaten, treten in
 Waffenrüstung auf.)

Ludwig. Mein Herr von Melun, laßt eine Copey hievon genommen, und zu unsrer Erinnerung wol aufgehoben werden; den gegenwärtigen Aufsaz aber gebt diesen Lords zurük, damit sie auch eine schriftliche Erklärung unsers geneigten Willens haben, und wir sowol als sie, wenn wir diese Papiere überlesen, uns erinnern worauf wir geschworen haben, und unser Wort fest und unverbrüchlich halten.

Salisbury. Auf unsrer Seite soll es niemals gebrochen werden. Und ob wir gleich, edler Dauphin, euer Betragen gegen uns durch Zuschwörung einer freywilligen Ergebenheit und unerzwungnen Treue erwiedern; so glaubet mir doch, Prinz, ich bin nicht erfreut, daß ein solches Geschwär der gegenwärtigen Zeit bey der verachteten Rebellion ein Pflaster suchen, und den eingewurzelten Krebs einer Wunde durch viele heilen muß. O, es kränkt meine Seele, daß ich dieses Metall von meiner Seite ziehen muß, um ein Wittwen-Macher zu seyn, und dieses in einem Lande, wo rühmlicher Widerstand und rechtmäßige Gegenwehr über den Namen Salisbury schreyen! Aber so ist die verpestete Krankheit dieser Zeit beschaffen, daß wir unser Recht zu heilen, gezwungen sind die Hand des kühnen Unrechts und der regellosen Gewaltthätigkeit anzuruffen. Und sollt es uns nicht schmerzen, o meine tiefgekränkten Freunde, daß wir, die Söhne und Kinder dieser Insel, gebohren seyn sollen, die Stunde zu sehen, da wir, zu einem ausländischen Kriegsheer gesellt, über ihren schönen Busen einhertreten, und die Linien ihrer Feinde ausfüllen; (ich muß mich wegwenden, und die Schmach dieser traurigen Nothwendigkeit beweinen) die Stunde zu sehen, da wir das Volk eines entfernten Landes wider unser eignes unterstüzen, und unbekannten Fahnen hier folgen müssen? Wie, hier? O mein Volk, möchtest du dich zurükziehen können! Möchte Neptun, der dich ringsumfaßt, dich in seinen Armen aus dem Schooß deines mütterlichen Bodens hinweg an irgend ein Heidnisches Ufer tragen, wo diese Christlichen Heere das Blut des Hasses in eine Ader des Friedens zusammenlegten könnten, anstatt es hier so unnachbarlich zu vergiessen.

Ludwig. Du zeigst hierinn eine edle Sinnesart; und der grosse Trieb, der in deinem Busen kämpft, verursacht ein Erdbeben von edeln Empfindungen in dir. Oh was für einen edeln Kampf zwischen Nothwendigkeit und Liebe zum Vaterland hast du gekämpft! Laß mich diesen ehrwürdigen Thau abwischen, der wie fliessendes Silber über deine Wangen rollt. Mein Herz ist schon von den Thränen eines Frauenzimmers zerschmolzen, die doch eine gewöhnliche Überschwemmung sind; aber dieser Ausbruch von

männlichen Thränen, dieser von dem Ungewitter einer
grossen Seele zusammengetriebne Regen, macht mein Auge
starren, und sezt mich in ein grösseres Erstaunen, als wenn
ich das ganze Gewölbe des Himmels auf einmal mit
brennenden Meteoren überwälzt sähe. Heitre deine Stirne
auf, ruhmvoller Salisbury, und treibe durch ein grosses
Herz diesen Sturm hinweg. Überlaß diese Thränen jenen
Säuglings-Augen, die niemals die riesengleiche Welt in Wuth
gesehen, und das Glük nirgends als bey Lustbarkeiten und
üppigen Schmäusen kennen gelernt haben. Komm, komm,
du sollt deine Hand so tief in den Beutel des reichen
Wohlstands steken als Ludwig selbst; so, Milords, sollt ihr
alle, die ihre Sehnen an die Stärke der meinigen anknüpfen.

Dritte Scene.
(Pandolph zu den Vorigen.)

Ludwig. Wie, hier eilet, däucht mich, ein Engel auf uns zu;
sehet, der heilige Legat kommt, uns Verhaltungs-Befehle
vom Himmel zu bringen, und unsern Unternehmungen
durch seinen Beyfall das Sigel des Rechts aufzudrüken.

Pandolph. Heil dir, edler Prinz von Frankreich; das nächste
ist dieses: König Johann hat sich mit Rom ausgesöhnt;
windet also diese dräuenden Fahnen auf, und zähmet den
grimmigen Geist des wilden Kriegs, damit er, gleich einem
Löwen der im Hause zahm aufgezogen worden, freundlich
zu den Füssen des Friedens lige, und ausser durch sein
Ansehen ferner keinen Schaden thue.

Ludwig. Mit Euer Gnaden Erlaubniß, ich werde nicht
zurük gehen. Ich bin nicht gebohren, um mir befehlen zu
lassen, und irgend eines Souverains in der Welt Diener und
Werkzeug zu seyn. Euer Athem blies zuerst die todte Kohle

des Kriegs zwischen mir und diesem gezüchtigten Königreich an, und legte Materie zu, dieses Feuer zu nähren; allein nun ist es schon zu heftig, um von eben dem schwachen Winde, der es anfachte, wieder ausgeblasen zu werden. Ihr lehrtet mich meine Befügnisse und Ansprüche an dieses Land kennen, ihr allein legtet diese Unternehmung in mein Herz; und izt kommt ihr, und sagt mir, Johann habe Frieden mit Rom gemacht! Was geht mich sein Friede an? Kraft des Rechts so ich durch meine Vermählung erhalten, spreche ich, da Arthur todt ist, dieses Land als mein Eigenthum an; und nun da es halb erobert ist, soll ich zurük gehen, weil Johann seinen Frieden mit Rom gemacht hat? Bin ich Roms Sclave? Was für Subsidien hat Rom zu dieser Unternehmung hergegeben, was für Volk, oder was für Kriegs-Vorrath? Bin ichs nicht allein, der die Last derselben trägt? Wer anders als ich, und diejenigen die meinen gerechten Anspruch unterstüzen, schwizt in diesem Geschäft und führt diesen Krieg? Hab ich nicht diese Insulaner mir zujauchzen gehört, (vive le Roi!) wie ich gegen ihre Städte angezogen bin? Hab' ich hier nicht die besten Carten, um dieses Spiel zu gewinnen, das um eine Crone gespielt wird? Und nun soll ich es aufgeben, da ich den Saz schon in Händen habe? Nein, bey meiner Seele, das will ich nicht thun.

Pandolph.
Ihr seht nur auf das Äusserliche dieses Geschäfts.

Ludwig. Äusserlich oder innerlich, ich will nicht wieder heimgehen, bis ich mein Vorhaben auf eine so glorreiche Art ausgeführt haben werde, als ich zu hoffen von euch selbst aufgemuntert worden bin—

(Man hört eine Trompete.)

Was für eine muntre Trompete fordert uns hier auf?

Vierte Scene.
(Faulconbridge zu den Vorigen.)

Faulconbridge.
Vergönnet mir, nach dem Gebrauch gesitteter Völker, ein ruhiges
Gehör: ich bin von dem König abgeschikt, um von euch, mein heiliger
Lord von Meiland, zu vernehmen, wie ihr ihm euer Wort gehalten
habet; und nachdem eure Antwort beschaffen seyn wird, wird es die
Erklärung seyn, zu der meine Zunge bevollmächtiget ist.

Pandolph. Der Dauphin will sich durch meine Vorstellungen nicht bewegen lassen, und sagt rund heraus, er wolle die Waffen nicht niederlegen.

Faulconbridge. Bey allem dem Blut, das jemals von männlicher Wuth gekocht hat, der Jüngling sagt recht. Höret izt unsern Engländischen König: Denn so spricht seine Majestät durch mich; er ist vorbereitet, und die Ursache davon ist, weil er es seyn soll. Auf diesen poßierlichen Affenzug, auf diese geharnischte Mummerey, und unbesonnenes Spiegelgefecht, auf dieses läppische Kriegsheer von sauersehenden Knaben, lächelt der König herab; und ist in guter Verfassung, diesen Zwergen-Krieg, diese Pygmäen-Waffen aus dem Umfang seines Gebiets hinaus zu peitschen. Sollte diese Hand, welche Stärke genug hatte, euch vor euern Hausthüren zu prügeln, und zu machen, daß ihr, gleich Wasserkübeln, euch in gemaurte Brunnen täuchen, unter die Schindeln eurer Ställe klettern, wie Pfänder in Kästen und Kuffern eingeschlossen ligen, und euch zu euern Schweinen verkriechen mußtet; daß ihr euere Sicherheit in Kellern und Gefängnissen suchtet, und schon schaudertet und vor Angst zittertet, wenn ihr nur einen Englischen Hahn krähen hörtet, in der Einbildung, es sey die Stimme eines bewaffneten Engländers; diese siegreiche Hand sollte hier entkräftet hangen, nachdem sie euch in euern Kammern gezüchtiget hat? Nein; wißt, der dapfre Monarch ist in Waffen, und schwebt gleich einem Adler über seinen Horst, um jeden Unfall, der sich seinem Neste nähert, wegzuscheuchen. Und ihr ausgeartete, ihr undankbare Rebellen, ihr blutigen Neronen, die den Leib ihrer theuren Mutter England aufreissen, erröthet vor Schaam; denn eure eignen Frauen und blaß-wangichte Töchter, kommen, gleich Amazonen, hinter Trummeln hertrippelnd, vertauschen ihre Fingerhüte um eiserne Handschuhe, ihre Nadeln um Lanzen, und ihre sanftmüthigen Herzen um Grimm und Blutdurst—

Ludwig. Hier mache deiner Pralerey ein Ende, und kehr im Frieden heim; wir gestehen dir zu, daß du besser schimpfen kanst als wir; gehab dich wohl; wir schäzen unsre Zeit zu hoch, sie mit einem solchen Plauderer zu verderben.

Pandolph.
Laßt mich izt auch reden—

Faulconbridge.
Nein, ich will reden.

Ludwig. Ich will keinen von beyden anhören, rührt die Trummeln, und laßt die Zunge des Kriegs für unsre Sache reden.

Faulconbridge. In der That, eure Trummeln wenn sie geschlagen werden, werden schreyen, und so werdet ihr thun, wenn ihr geschlagen seyd; weke nur ein Echo mit dem Geschrey deiner Trummel auf, und du wirst sogleich eine andre hören, die bey der Hand ist, so laut zurükzuschallen als die deinige; schlage noch eine, und wieder eine andre, soll, so laut als die deinige, in die Ohren des Firmaments rasseln, und dem holen Gebrüll des Donners Troz bieten. Denn, ohne sich auf diesen hinkenden Legaten zu verlassen, den er mehr zum Scherz als aus Noth gebraucht hat, ist der tapfre König Johann in der Nähe, und ein Tod mit nakten Rippen sizt auf seiner Stirne; dessen Amt an diesem Tage ist, die Franzosen bey tausenden aufzufressen.

Ludwig.
Rührt die Trummeln, um diese Gefahr aufzusuchen.

Faulconbridge.
Du sollt sie finden, Dauphin, zweifle nicht.

(Sie gehen ab.)

Fünfte Scene.
(Verwandelt sich in ein Schlachtfeld.)
(Alarm. König Johann und Hubert treten auf.)

König Johann.
Wie gehts uns an diesem Tag? O sag es mir, Hubert.

Hubert.
Übel, fürchte ich; wie befindet sich Euer Majestät?

König Johann. Dieses Fieber, das mich so lange schon plagt, sezt mir gewaltig zu; o mein Herz ist krank! (Ein Bote tritt auf.)

Bote.
Gnädigster Herr, euer dapfrer Vetter, Faulconbridge, bittet Euer

Majestät, das Feld zu verlassen, und ihn wissen zu lassen, welchen
Weg ihr nehmet.

König Johann.
Sag ihm in die Abtey bey Swinstead.

Bote. Ich bring gute Zeitungen; der grosse Succurs, den der Dauphin erwartete, hat vor drey Nächten auf den Sandbänken von Godwin gestrandet; Richard hat diese Neuigkeit so eben erfahren; die Franzosen wehren sich nur noch schwach, und fangen schon an sich zurük zu ziehen.

König Johann. Ach! ach! dieses tyrannische Fieber brennt mich aus, und läßt mich dieser guten Zeitung nicht froh werden. Auf, nach Swinstead zu; meinen Tragsessel her; ich kan es nicht länger aushalten; ich bin ganz schwach.

(Gehen ab.)

Sechste Scene.
(Verwandelt sich in das Französische Lager.)
(Salisbury, Pembrok und Bigot, treten auf.)

Salisbury.
Ich glaubte nicht, daß der König noch so viel Freunde hätte.

Pembroke. So auf einmal; sprecht den Franzosen Muth ein; wenn sie unglüklich sind, sind wir verlohren.

Salisbury. Der mißgezeugte Teufel, Faulconbridge, ist, troz allem Widerstand, die einzige Ursach, daß wir diesen Tag verliehren.

Pembroke. Man sagt, König Johann habe sich sehr krank

aus der Schlacht wegbegeben.

(Melun wird verwundet herbeygeführt.)

Melun.
Führet mich zu den Englischen Rebellen.

Salisbury.
Wie wir glüklich waren, hatten wir andre Namen.

Pembroke.
Es ist der Graf von Melun.

Salisbury.
Auf den Tod verwundet.

Melun. Flieht, ihr edeln Engländer, ihr seyd gekauft und bezahlt. Ruft die entlassene Treue wieder zurük, suchet euern König auf, und fallet ihm zu Fuß; denn wenn Ludwig von diesem Tage Meister wird, so gedenkt er euch die Mühe, die ihr nehmet, dadurch zu belohnen, daß er euch die Köpfe abschlagen lassen will; das hat er geschworen, und ich mit ihm, und viele andre mit mir, auf eben dem Altar zu St. Edmondsbury, wo wir euch Freundschaft und ewige Liebe schwuren.

Salisbury.
Ist das möglich? Kan das wahr seyn?

Melun. Hab ich nicht den scheuslichen Tod im Antliz? Blutet nicht das wenige Leben, so ich noch habe, von Augenblik zu Augenblik weg, wie ein Bild von Wachs im Feuer dahinschmilzt? Was in der Welt könnte mich bewegen, izt zu betrügen, da aller Nuzen des Betrugs aufhört? Wie könnt ich noch falsch seyn, da es wahr ist, daß ich sterben muß, und nur durch Wahrheit jenseits des Grabes leben kan? Ich sag es noch einmal: wenn Ludwig diesen Tag gewinnt, so ist er meineydig, wenn diese eure Augen noch einen Tag in Osten aufgehen sehen; sondern in eben dieser Nacht, deren schwarzer anstekender Athem albereit den brennenden Kamm der alten, matten, ermüdeten Sonne anhaucht; in dieser Nacht, sollt ihr zum leztenmal athmen, und für die willkommne Verrätherey den gewöhnlichen Lohn der Verräther bekommen. Empfehlet mich einem gewissen Hubert, der bey euerm König ist; meine Liebe zu ihm, und die Erinnerung, daß mein Großvater ein Engländer war, wekte mein Gewissen zu diesem Bekenntniß auf. Bringet mich nun, ich bitte euch, dafür aus dem Getümmel des Feldes an einen Ort, wo ich den Rest meiner Gedanken in Ruhe ausdenken, und unter andächtigen Betrachtungen und Seufzern meine Seele von diesem Leibe trennen kan.

Salisbury. Wir glauben dir, und, auf meine Seele, ich bin erfreut über diese günstige Gelegenheit, zu unsrer Schuldigkeit und zu unserm Könige zurük zu kehren. Mein Arm soll dir beystehen, dich von hier hinweg zu tragen, denn ich seh den ringenden Tod in deinen Augen. Hinweg, meine Freunde, und von neuem auf die Flucht; doch glükliche Flucht, die uns zu unsrer Pflicht zurük bringt!

(Sie gehen ab, und tragen Melun hinweg.)

Siebende Scene.
(Verwandelt sich in einen andern Theil des Französischen Lagers.)
(Ludwig und sein Gefolge treten auf.)

Ludwig. Die Sonne däuchte mich, wollte heute nicht untergehen, sondern blieb stehn, und machte die westlichen Wolken erröthen, da die Engländer in muthlosem Weichen ihren eignen Boden zurükmassen; o wir beschlossen den Tag auf eine rühmliche Art, da wir ihnen mit einer vollen Ladung unsers, zwar unnöthigen, Geschüzes, nach einer so blutigen Arbeit, gute Nacht sagten, und unsre zerfezten Fahnen ruhig aufwanden, die lezten im Felde, und allerdings Meister davon—

(Ein Bote zu den Vorigen.)

Bote.
Wo ist mein Prinz, der Dauphin.

Ludwig.
Hier; was bringst du Neues?

Bote. Der Graf von Melun ist erschlagen; die Englischen Lords sind durch seine Vorstellungen zum Abfall bewogen worden; und die Verstärkung, die ihr so lange gewünscht habt, ist auf den Sandbänken zu Godwin zu Grunde gegangen.

Ludwig. O schlimme, verdrießliche Zeitungen! So verdrießlich dacht' ich diese Nacht nicht zu seyn, als ich es izt bin. Wer war der, welcher sagte, König Johann sey geflohen, eine oder zwo Stunden, eh die Nacht beyde Armeen schied?

Bote.
Wer es auch gesagt hat, hat die Wahrheit gesagt, Gnädigster Herr.

Ludwig. Gut; haltet gute Wache diese Nacht über; der Tag soll nicht so schnell seyn als ich, um es morgen noch einmal zu wagen.

(Sie gehen ab.)

Achte Scene.
(Ein freyer Plaz, unweit der Abtey zu Swinstead.)
(Faulconbridge und Hubert treten von verschiednen Seiten auf.)

Hubert.
Wer ist hier? Sprich! he! Rede augenbliklich, oder ich gebe Feuer.

Faulconbridge.
Ein Freund. Wer bist du?

Hubert.
Von der Englischen Parthey.

Faulconbridge.
Und wohin gehst du?

Hubert. Was geht das dich an? Frag ich dich denn nach deinen Verrichtungen, daß du nach den meinigen fragst?

Faulconbridge.
Ich denke, du bist Hubert.

Hubert. Du denkst richtig; ich will nun, auf alle Gefahr hin, glauben, du seyest mein Freund, da du meine Stimme so gut kennest. Wer bist du?

Faulconbridge. Was du willt; wenn du magst, so kanst du mir die Ehre anthun, und denken, daß ich gewisser Maassen ein Plantagenet bin.

Hubert. Ha! daß ich dich mißkennen konnte! Du und die augenlose Nacht haben mich beschämt; tapfrer Kriegsheld, vergieb mir, daß der wohlbekannte Ton deiner Stimme meinem Ohr fremde klingen konnte.

Faulconbridge.
Kommt, kommt, (sans compliment;) was giebt es Neues?

Hubert.
Ich war im Begriff, euch aufzusuchen.

Faulconbridge.
So mach' es kurz; was hast du Neues?

Hubert. O mein werther Herr, eine Zeitung, die sich für die Nacht schikt, schwarz, gefahrvoll, trostlos und schreklich.

Faulconbridge. Zeige mir ohne Umstände die Wunde deiner schlimmen Zeitung; ich bin kein Weibsbild, ich will nicht darüber in Unmacht fallen.

Hubert. Der König ist, wie ich besorge, von einem Mönchen vergiftet worden; ich verließ ihn beynahe sprachlos, und eilte sogleich fort, um euch von diesem Unfall zu benachrichtigen; damit ihr euch desto besser auf die Folgen desselben gefaßt machen könnet, als wenn ihr zu spät von ihm überraschet würdet.

Faulconbridge.
Wie bekam er das Gift? Wer credenzte ihm?

Hubert. Ein Mönch, wie ich euch sagte; ein entschlossener Bösewicht, dem die Gedärme sogleich davon geborsten sind. Doch der König kan noch reden, und vielleicht wieder zurecht kommen.

Faulconbridge.
Wen liessest du seiner Majestät zur Aufwartung?

Hubert. Wie? wißt ihr nicht, daß die Lords alle wieder zu ihm zurük gefallen sind, und den Prinzen Heinrich mit sich gebracht haben, auf dessen Fürbitte der König sie begnadiget hat. Sie alle sind gegenwärtig bey seiner Majestät.

Faulconbridge. Halt deinen Zorn zurük, mächtiger Himmel! Und leg' uns nicht mehr auf, als wir tragen können! Ich muß dir sagen, Hubert, daß die Helfte meiner Armee, indem ich diese Nacht über diese Untieffen sezte, von der Fluth ergriffen worden; diese Lincoln-Sümpfe haben sie verschlungen, und ich selbst, obgleich wohl beritten, bin mit Noth davon gekommen. Laß uns eilen; führe mich zum Könige; ich besorge, er möchte schon verschieden seyn, eh ich ihn sehe.

(Sie gehen ab.)

Neunte Scene.
(Verwandelt sich in einen Garten der Abtey zu Swinstead.)
(Prinz Heinrich, Salisbury und Bigot treten auf.)

Heinrich.
Es ist zu späte; sein ganzes Blut ist vom Gift angestekt, und sein
sonst so gesundes Gehirn, (welches einige für das zerbrechliche
Wohnhaus der Seele halten) kündigt uns durch die unordentlichen
Phantasien, die es hervordrängt, das Ende der Sterblichkeit an.
(Pembroke zu den Vorigen.)

Pembroke. Der König redet noch, und glaubt, wenn er in die freye Luft gebracht würde, so könnte sie die brennende Hize des Giftes lindern, das ihn verzehrt.

Heinrich.
Laßt ihn hieher in den Garten tragen. Phantasirt er noch?

Pembrok.
Er ist ruhiger als ihr ihn verlassen habt; eben izt sang er.

Heinrich. Dieses giebt uns wenig Hoffnung. Übel, die aufs äusserste gekommen sind, fühlen sich selbst nicht mehr. Wenn der Tod einmal die äusserlichen Theile benagt hat, läßt er sie unempfindlich, und greift alsdann das Gemüth an, welches er durch ganze Legionen von seltsamen Einbildungen anfällt und verwundet, die in ihrem Gedränge, bey diesem lezten Sturm, sich selbst untereinander aufreiben; wie wunderbar, daß der Tod singen soll—Doch es ist das traurige Sterbelied dieses bleichen verschmachtenden Schwans, der aus der Orgelpfeiffe der Sterblichkeit seine Seele und seinen Leib in die ewige Ruhe singt.

Salisbury. Seyd guten Muthes, Prinz, denn ihr seyd dazu gebohren, das was er so roh und ungestalt zurückläßt, zu formen und zur Vollkommenheit zu bringen.

(König Johann wird herbeygetragen.)

König Johann. Ah, wohl, nun hat meine Seele freyen Paß; sie wollte nicht zum Fenster oder zur Thüre hinaus. Es ist ein so heisser Sommer in meinem Busen, daß sich alle meine Eingeweide zu Staub zerkrümmeln. Ich bin eine Figur, die mit einer Feder auf Pergament gezogen worden, und schrumpfe an diesem Feuer zusammen.

Heinrich.
Wie befindet sich Eu. Majestät?

König Johann. Vergiftet, todt, vergessen; und keiner von euch will dem Winter befehlen, daß er komme, und seine beeißten Finger in meinen Schlund steke; noch machen, daß die Ströme meines Königreichs ihren Lauf durch meinen brennenden Busen nehmen; noch dem Nord sagen, daß seine kalten Winde meine ausgedörrten Lippen küssen, und mich abkühlen sollen. Ich verlange ja nichts als einen kalten Trost, und ihr seyd so unbarmherzig, so undankbar, und schlagt ihn mir ab.

Heinrich.
O! daß doch in meinen Thränen eine Kraft seyn möchte, euch
Lindrung zu verschaffen!

König Johann. Das Salz darinn ist heiß. Ich habe die Hölle in mir, und das Gift ist der Teufel, der darinn eingesperrt ist, mein ohne Hoffnung verdammtes Blut zu peinigen.

Zehnte Scene.
(Faulconbridge zu den Vorigen.)

Faulconbridge.
Oh! ich bin athemlos und ganz abgebrüht, vor äusserster Eilfertigkeit Eu. Majestät zu sehen.

König Johann. Vetter, du kommst eben recht, mir die Augen zuzudrüken; das Takelwerk meines Herzens ist zerrissen und verbrannt, und alle die Thaue, womit mein Leben segeln sollte, sind bis auf einen einzigen Faden, ein armes kleines Haar abgenuzt; mein Herz hängt nur noch an einem einzigen schwachen Zwirn, der nur so lange halten wird, bis du deine Zeitungen gesagt hast; und dann ist alles was du siehst, nur ein Kloz und Model von zerstörter Majestät.

Faulconbridge. Der Dauphin rüstet sich, hieher

vorzudringen, und der Himmel weiß, wie wir ihm begegnen sollen; denn ich habe in einer Nacht, da ich mich mit Vortheil zurükziehen wollte, meine besten Truppen in den Morästen von Lincoln verlohren, alle, ohne Rettung, von der unerwarteten Fluth verschlungen.

(Der König stirbt.)

Salisbury.
Ihr athmet diese tödtlichen Zeitungen in ein todtes Ohr—
Mein
Gebieter, mein König—doch—kaum ein König, izt diß.

Heinrich.
Eben so muß ich nun lauffen, und eben so stille stehn. Was für
Sicherheit, was für Hoffnung, kan uns diese Welt geben, wenn das,
was eben izt ein König war, so bald ein Erdkloß ist.

Faulconbridge. Bist du dahin? O! ich bleibe nur zurük, das Amt der Rache statt deiner zu vollziehen; und dann soll meine Seele dir im Himmel aufwarten, wie sie dir auf Erden immer gedient hat—

(Zu den Lords.)

Nun, nun, ihr Sterne, die ihr in eure Kreise zurükgetreten seyd, wo sind eure Völker? Beweiset nun eure wiedergekehrte Treue und eilet unverzüglich wider mit mir zurük, um ausländische Verwüstung und ewige Schmach aus der schwachen Thüre unsers unmächtigen Landes auszutreiben. Laßt uns den Feind eilends aufsuchen, oder wir werden von ihm gesucht werden. Der Dauphin wüthet beynahe an unsern Fersen.

Salisbury. So scheint es also, ihr wisset nicht so viel als wir.

Der Cardinal Pandolph ist hier, und ruhet drinnen aus, indem er nur vor einer halben Stunde von dem Dauphin mit solchen Friedens-Vorschlägen hieher gekommen, die wir mit Ehre und Vortheil, zu Endigung des gegenwärtigen Kriegs, annehmen können.

Faulconbridge.
Er wird desto geneigter zum Frieden seyn, wenn er uns zur Vertheidigung gefaßt sehen wird.

Salisbury. Die Sache ist gewisser massen schon in Richtigkeit; denn er hat schon den grösten Theil seiner Kriegsgeräthschaft nach der Küste abgeschikt, und dem Cardinal Vollmacht gegeben, den Frieden zu machen; und wenn ihr es gut befindet, so wollen wir, ihr, ich selbst und die übrigen Lords uns diesen Nachmittag mit ihm auf den Weg machen, um dieses Geschäfte glüklich zu Ende zu bringen.

Faulconbridge.
Laßt es so seyn; und ihr, mein edler Prinz, mit den übrigen Fürsten,
die am besten geschont werden können, bleibet zurük, euers Vaters
Leichenbegängniß zu besorgen.

Heinrich. Zu Worcester soll, vermöge seines lezten Willens, sein Leichnam beerdiget werden.

Faulconbridge. Er soll also dahin gebracht werden, und glüklich möge Euer theurstes Selbst die Erbfolge und den glorreichen Scepter dieses Landes übernehmen, als welchem ich hier, mit aller Unterwürfigkeit, auf meinen Knien, meine getreuen Dienste und immerwährenden Gehorsam angelobe.

Salisbury. Eben dieses Gelübde thut unsre zärtliche Liebe, welche auf ewig ohne einigen Fleken dauern soll.

Heinrich. Meine gerührte Seele wünscht euch danken zu können, und weiß es nicht anders zu thun als durch Thränen.

Faulconbridge. Laßt uns einem Übel, welches wir so lange zum voraus bejammert haben, nur nöthige Trauer bezahlen —So lag England niemals, und soll künftig nie zu eines Erobrers Füssen ligen, als wenn es sich vorher durch seine eigne Hände verwundet hat. Nun, da diese seine Fürsten wieder heimgekehrt sind, nun laßt drey Theile der Welt in Waffen herkommen, und wir sind stark genug, sie abzutreiben. So lange England sich selbst getreu bleibt, ist nichts das uns erschreken kan!

Leben und Tod des Königs Johann, von William Shakespeare
(Übersetzt von Christoph Martin Wieland).

www.ingramcontent.com/pod-product-compliance
Lightning Source LLC
Chambersburg PA
CBHW020140170426
43199CB00010B/825